CB080290

O marketing entra no jogo

O MARKETING ENTRA NO JOGO

FLÁVIO JANONES

Editora
LETRAMENTO

Copyright © 2015 by Flávio Janones

Editor:
Gustavo Abreu

Projeto gráfico, Diagramação e Revisão:
Nathan Matos

Capa:
Jura Camargo

Este livro foi editado respeitando as novas regras ortográficas.
Todos os direitos reservados.

Não é permitida a reprodução desta obra por qualquer meio, físico ou digital, sendo a violação dos referidos direitos crime punível com pena de multa e prisão na forma de artigo 184 do Código Penal. O mesmo se aplica às características gráficas e editoriais.

A Editora Letramento não se responsabiliza pela originalidade do conteúdo desta obra, sendo que ela é de responsabilidade exclusiva do autor, assim como do que dela impingir aos seus leitores.

Dados Internacionais de Catalogação na Publicação (CIP)
Bibliotecária Juliana Farias Motta CRB7- 5880

J346m Janones, Flávio
O Marketing entra no jogo / Flávio Janones . – Belo Horizonte, MG : Letramento, 2015.
210 p. il. Fotos. ; . 21 cm.

ISBN: 978-85-68275-30-6

1. Marketing esportivo. 2. Copas do Mundo. (Futebol).3. Futebol - Jogos. 3. Contratos empresariais. 4. Marcas comerciais. 5. Clubes de Futebol. I. Título.

CDD 796.0698

Editora
LETRAMENTO
www.editoraletramento.com.br

Impresso no Brasil.
Printed in Brazil.

Sumário

Editorial

O futebol brasileiro é reconhecido internacionalmente pela qualidade técnica de seus jogadores e pelas diversas conquistas internacionais dos clubes, principalmente da seleção brasileira. No entanto, a má administração do futebol nacional, em especial, dos clubes profissionais, também é reconhecida pela grande maioria dos estudiosos do assunto e pode ser notada diretamente pelas ações ainda tímidas no campo do marketing e também pelos escândalos constantes divulgados pela mídia.

Nos últimos anos, a profissionalização da gestão empresarial no Brasil ganhou destaque em diversos segmentos e inclusive no futebol, mas escândalos administrativos em federações, clubes e mesmo atletas acabaram por interferir e afastar patrocinadores no segmento.

O livro "O marketing entra no jogo" reúne uma coletânia de posts do professor Flávio Janones, um pesquisador sobre marketing esportivo que busca com um texto simples e direto retratar o mercado de marketing esportivo no Brasil, com informações, números, curiosidades e provocações que buscam uma ampliação da profissionalização da área no país, por parte de empresas, clubes e gestores.

A escolha do título deste livro retrata a síntese dos textos do professor Janones, que é um dos maiores entusiastas do segmento e que defende que uma boa gestão pode proporcionar vitórias para os clubes dentro e fora de campo.

Boa leitura.

O Editor

Sobre o autor

O professor Flávio Janones é formado em Comunicação Social pela PUC-Minas, pós-graduado em Marketing pela Universidade Federal de MG e MBA Internacional em Gestão de Negócios (Ohio University/FGV). MBA em Gestão e Inovação em EAD (USP).

Possui mestrado profissional em Administração pela FDPL/MG, onde abordou a gestão de patrocínios no marketing esportivo, com a orientação do professor Dr. Mauro Calixta Tavares, referência em gestão de marcas no Brasil.

Foi coordenador dos cursos de Publicidade e Propaganda, Marketing e Relações Públicas no Centro Universitário Una de 2008 até 2014, em Belo Horizonte/MG, onde ainda é professor e orientador de diversos trabalhos sobre marketing esportivo, além de diretor da Faculdade Una de Contagem/MG. Atua também como professor de marketing em diversos preparatórios para concursos no Brasil.

Atuou na área de marketing esportivo da MRV Engenharia no vitorioso projeto da empresa com o Minas Tênis Clube na formação do clube de vôlei feminino MRV Minas.

Janones é um estudioso e apaixonado pelo tema. Faz parte da primeira página do seu guia de viagem sempre conhecer o clube, o estádio, o bar, a loja de cada clube da cidade onde passa... assim, já conheceu desde o acanhado Estádio Nabi Abi Chedid, em Bragança Paulista; passando pela La Bombonera, do Boca Juniors; pelo Pacaembu, em São Paulo; Arena da Baixada, em Curitiba; até o Madison Square Garden, em Nova York, e a Rogers Arena, moderno ginásio onde são disputados os jogos do Vancouver Canucks, time National Hockey League.

Atualmente, é palestrante e instrutor da DMT Consulting, onde já desenvolveu projetos em diversas organizações pelo país, com destaque para um dos programas de capacitação das equipes de alimentos e bebidas da Copa do Mundo 2014 realizada no Brasil.

Entrando em campo

O futebol brasileiro é um dos maiores vitoriosos no futebol mundial. No entanto, quando o assunto é gestão professional de marketing esportivo e de futebol não estamos na primeira divisão mundial.

São poucos e raramente perenes os bons cases de sucesso do marketing esportivo no Brasil. Frequentemente passamos por flashes de gestão profissional, como alguns exemplos de programas de sócio torcedor, o retorno de Ronaldo Fenômeno ao Corinthians, a realização do Copa do Mundo no Brasil, dentre outros...

Por outro lado, ainda temos a maioria dos clubes praticamente desconhecidos no mercado internacional, campeonatos com baixíssimas média de público, atrasos de salários e fuga dos principais jogadores para mercados periféricos, como Oriente Médio e China.

Este livro reúne uma coletânea de posts publicados no Jornal e Blog Minas Marca, principal veículo sobre economia criativa e marketing nas Minas Gerais, entre 2013 e 2015. O objetivo da publicação é reunir uma seleção de assuntos que, mesmo isolados, proporcionam ao leitor a complexidade do tema e oferecer aos gestores e estudiosos do tema exemplos, pesquisas, curiosidades e informações para um novo tema de gestão de marketing esportivo no Brasil.

Aproveito este espaço para agradecer o apoio de pessoas mais do que importantes para o sucesso deste projeto, como a equipe Minas Marca, e em especial o grande Guilherme Guerra, professor, publicitário e profissional ímpar com quem tenho o prazer de conviver; o editor Gustavo Abreu, um apaixonado pelo esporte e incentivador para que esta publicação se tornasse realidade; ao eterno mestre professor Dr. Mauro Calixta Tavares, referência em gestão de marcas no Brasil, e que, além da orientação no mestrado, me ensinou o valor do marketing na vida.

Agradeço ainda a DMT Consulting pelo apoio, aos amigos do Centro Universitário Una, aos irmãos do Capítulo Iturama da Ordem DeMolay e a minha família sempre presente. Para Lícia, Antonio e Alice, o meu muito obrigado pela compreensão e apoio diário e incondicional.

Desejo a todos uma ótima leitura e bola pra frente sempre!

Grande abraço,

Prof. Janones

O Marketing de Emboscada no Futebol

O Marketing de Emboscada utiliza estratégias, principalmente em grandes eventos, como Copa do Mundo e Olimpíadas, na tentativa de criar e destacar marcas que não sejam patrocinadores oficiais do evento, com o objetivo de tirar proveito do espaço de visibilidade dos concorrentes sem acordos contratuais e gratuitamente.

Um exemplo de marketing de emboscada pode ser recordado na Copa do Mundo, na África do Sul, em 2010, quando uma confusão envolvendo um grupo de torcedoras holandesas loiras, vestindo laranja, em uma partida contra a Dinamarca. Para muitos, apenas uma turma de mulheres lindas vestindo laranja e torcendo para a Holanda seria algo que não levantaria suspeitas, certo? Errado.

Para a Fifa, o grupo de mulheres vestiam um conjunto cedido pela cervejaria holandesa Bavaria e participavam de uma ação ilegal, ainda que a marca não estivesse estampada. A cerveja oficial da Copa da África era a Budweiser (que também foi patrocinadora no Brasil).

Com os olhos atentos dos organizadores, as 30 mulheres foram retiradas do estádio e duas chegaram a ser presas, mas logo depois liberadas. E a reação da Fifa acabou trazendo ainda mais visibilidade para a ação da cervejaria. O monitoramento levou a entender que aquilo era uma ação de emboscada, trazendo muita visibilidade para a marca que estava por trás da ação.

Nós, brasileiros, nem saberíamos que elas estavam ali por uma marca de cerveja se não tivessem sido retiradas. Mas a Fifa tem escritórios no mundo todo que trabalham, protegem e fiscalizam de uma forma ostensiva porque a visibilidade deve ser dada apenas aos apoiadores oficiais do evento.

A Copa do Mundo prevê uma disputa acirrada entre patrocinadores oficiais: de um lado, 19 empresas que podem usar e associar suas marcas à Copa de 2014, e do outro, todas as outras companhias que terão de inovar para embarcar nas oportunidades do evento sem ultrapassar os rígidos limites legais que pairam sobre os usos do nome da competição.

Na seleção oficial da FIFA temos:

Parceiros Fifa: Coca-Cola, Adidas, Hyundai-Kia Motors, Emirates, Sony e Visa.

Patrocinadores da Copa do Mundo: Budweiser, Castrol, Continental, Johnson & Johnson, McDonald's, Oi, Seara e Yingli.

Apoiadores nacionais: ApexBrasil, Itaú, Liberty Seguros, Chocolates Garoto e Wise Up.

A estimativa de especialistas em marketing esportivo é de que as cotas de patrocínio do Mundial e da Copa das Confederações gerem receita de US$ 1,5 bilhão para a Fifa entre 2011 e 2014. Some-se a isso um custo estimado para a "ativação" das marcas – ações publicitárias, publicidade estática e em meios de comunicação –, de uma a três vezes o valor pago à entidade, e chega-se a uma cifra girando entre US$ 3 bilhões e US$ 6 bilhões de gastos com publicidade no período. Isso, investido apenas pelos patrocinadores oficiais.

Do lado oposto, as empresas "não oficiais" se desdobram para vincular suas marcas de todas as formas possíveis (e legais) ao futebol, às competições e aos grandes jogadores. Para essas empresas, a estratégia para tentar embarcar na canoa da Copa começou há algum tempo.

A Nike, concorrente da patrocinadora oficial Adidas, ampliou o número de equipes patrocinadas pela marca, com o objetivo de fortalecer a marca no país antes da Copa. Outro bom exemplo de empresa que não é patrocinadora oficial e consegue associar a marca ao evento é a rede de supermercados Extra. Patrocinadora da CBF, a companhia adotou as cores verde e amarelo em todas as peças publicitárias e contratou o Fenômeno Ronaldo Nazário para capitanear o material. Com certeza será uma marca lembrada pelos brasileiros na época da Copa.

Vamos ficar atentos nesta disputa que promete ser cada vez mais acirrada. Para fechar o post destaco os trechos da legislação sobre utilização indevida das marcas da Copa:

Marketing de emboscada por associação

Art. 32. Divulgar marcas, produtos ou serviços, com o fim de alcançar vantagem econômica ou publicitária, por meio de associação direta ou indireta com os eventos ou símbolos oficiais, sem autorização da Fifa ou de pessoa por ela indicada, induzindo terceiros a acreditar que tais marcas, produtos ou serviços são aprovados, autorizados ou endossados pela Fifa.

Pena: detenção de três meses a um ano ou multa.

Parágrafo único. Na mesma pena incorre quem, sem autorização da Fifa ou de pessoa por ela indicada, vincular o uso de ingressos, convites ou qualquer espécie de autorização de acesso aos eventos a ações de publicidade ou atividades comerciais, com o intuito de obter vantagem econômica.

Marketing de emboscada por intrusão

Art. 33. Expor marcas, negócios, estabelecimentos, produtos, serviços ou praticar atividade promocional não autorizados pela Fifa ou por pessoa por ela indicada, atraindo de qualquer forma a atenção pública nos locais da ocorrência dos eventos, com o fim de obter vantagem econômica ou publicitária.

Pena: detenção de três meses a um ano ou multa.

O Marketing de Guerrilha no Futebol

Em tempos de grande concorrência e em que os consumidores são bombardeados com milhares de campanhas publicitárias por dia, ações inovadoras ganham destaque como uma forma eficiente e diferente para o fortalecimento de marcas e divulgação de produtos e serviços. Neste cenário, estratégias de marketing de guerrilha têm ganhado espaço, inclusive utilizando o esporte como tema.

O marketing de guerrilha é um termo norte-americano, cunhado por Jay Conrad Levinson, considerado o "pai do marketing de guerrilha". Levinson destaca que o termo marketing de guerrilha vem da guerrilha bélica, ou seja, é um tipo de guerra não convencional no qual o principal estratagema é a ocultação e extrema mobilidade dos combatentes, chamados de guerrilheiros.

O Marketing de Guerrilha, como descrito por Jay Conrad Levinson, no seu popular livro *Guerrilla Marketing*, de 1982, utiliza-se de maneiras não convencionais para executar suas atividades de marketing e com orçamentos "apertados".

O site Espalhe desenvolve um bom resumo dos princípios de Marketing de guerrilha, na seguinte forma:

1) Energia em vez de dinheiro (não é preciso um mega orçamento para fazer sua marca ser vista, basta trabalhar com posicionamento e ferramentas de guerrilha de forma consistente);

2) Desobediência às normas estabelecidas nas convenções / Métodos não-convencionais (no Marketing de guerrilha não se utiliza mídia regular/eventos tradicionais que consomem a maior parte da verba de Marketing);

3) Extrema mobilidade – Resposta rápida ao mercado (sem grandes produções, pode-se implementar uma ação em poucos dias ou horas);

4) Conhecimento do campo de batalha – Conhecimento do público-alvo (fundamental para um "ataque" preciso);

5) Grande capacidade de atacar de surpresa – Ações surpreendentes (chamar atenção da imprensa e do público-alvo para que todos comentem).

Abaixo algumas ações interessantes de Guerrilha envolvendo o esporte.

Zurich Seguros

No clássico Palmeiras e Santos, no Estádio do Pacaembu, entra em campo o São Paulo e o Corinthians. O quê? Isso mesmo. São equipes formadas por sósias de jogadores desses times que entram em campo antes do jogo oficial para surpreender a torcida. Após a ação, a marca revela sua campanha: "Ainda não inventamos seguro contra alterações no calendário. Mas você pode contar com a Zurich Seguros para cuidar dos seus bens, da sua vida e do seu futuro."

Veja a ação: http://www.youtube.com/watch?v=9zU2l-cwpzXs

Penalty/Cavalera/Vasco

Com o objetivo de divulgar a terceira camisa do Vasco, em 2010, foi criada a ação "Vasco na pele", que em menos de 24 horas alcançou a meta de 806 tatuagens, superando o último feito semelhante registrado pelo livro dos recordes, que tatuou 801 pessoas em 24 horas.

Alguns optaram por tatuar o símbolo mais de uma vez e levar a camiseta 3, retribuição pela disposição do torcedor, para familiares, amigos, namoradas. O tatuador convidado para façanha foi Eric Codo, que mesmo após bater o recorde e ter ficado 24 horas no ar, continuou tatuando alguns torcedores que permaneciam na fila.

Conheça a ação: http://www.youtube.com/watch?-v=KpCZspoj1YQ

Nike / República Popular do Corinthians

Para comemorar os 100 anos do clube, a Nike desenvolveu a República Popular do Corinthians. Além das estratégias que deram muito destaque para o clube e para os diversos produtos lançados, vale destacar os resultados alcançados, com destaque para mídia espontânea, cadastros de torcedores e receitas geradas pela venda de produtos licenciados. Fica a dica para todos os clubes.

Veja a Ação: http://www.youtube.com/watch?v=K-Scwfi7LmY

Fica o desafio para os clubes mineiros. Vamos desenvolver boas ações também! ?

Camisas que ganham torcedores

A última edição da Revista Placar (ed. 1377) destaca a relação de clubes que estão fora da elite nacional, mas que por outro lado estão muito bem vestidos por algumas das maiores marcas de material esportivo do mundo.

Um verdadeiro gol de placa. A estratégia era atrair a atenção dos torcedores, inclusive de grandes clubes brasileiros, que passam a adquirir estes produtos em virtude do design, inovação e charme dos modelos.

Com certeza, uma grande ação em tempos de pouca inovação nos uniformes brasileiros.

Alguns dos clubes em destaque são:

Clube do Remo (PA): UMBRO
Santo André (SP): Kappa
São Bernardo (SP): kappa
Chapecoense: Umbro
Pelotas: Adidas

Destaque para o Juventus, da famosa Rua Javari, na capital paulista, que, em 2013, passou a usar o material esportivo da inglesa UMBRO.

A seguir, foto da Camisa do Juventus (SP) que utiliza os materiais produzidos pela UMBRO.

No lançamento dos uniformes da atual temporada, a UMBRO destacou cultura futebolística juventina, a paixão pelo clube e a tradição e história do uniforme grená.

A campanha "Futebol Elegante", criada pela Gad'Red, foi composta por anúncios que mostravam atletas e torcedores da velha guarda com jovens jogadores e fãs do Juventus.

A ação teve uma ótima repercussão com os torcedores, como demonstraram os comentários no Facebook da Umbro e também tornou-se referência para novas ações de marketing esportivo do clube.

O jornalista Antero Greco, em matéria publicada na edição de março da revista Alfa, falando sobre o Juventus, destaca que: "O que o clube pode fazer para ganhar dinheiro é justamente explorar a nostalgia, vender a ideia do time que venceu a modernidade, criar um ponto de turismo nesse espaço da história da cidade."

A campanha também foi destaque no site da Umbro em língua inglesa, que destacou o Juventus como um dos mais tradicionais times brasileiros e "um pedaço da Itália no Brasil", como é possível ver no link: http://www.umbro.com/en-gb/blog/clube--atltico-juventus-a-slice-of-italy-in-brazil/

As peças podem ser vistas no ambiente online e nas redes sociais da Umbro, além de anúncios nas vitrines de lojas na região da Mooca.

Cadê a minha camisa?

Camisas de futebol são um verdadeiro objeto de desejo para crianças, adultos e todos os apaixonados pelo esporte. Mas quais são as camisas que mais vendem entre os brasileiros?

A Revista Placar publicou recentemente uma pesquisa em parceria com a loja Centauro, maior loja de departamento esportivo da América Latina, que fez um ranking das camisas infantis mais vendidas entre janeiro e setembro de 2014, em suas 186 lojas.

Não só a do Barcelona é a mais vendida, com 21% do total das vendas, como seis das dez "campeãs" são de times da Europa (veja ranking). Em um ano, a camisa do Barcelona teve um crescimento de vendas de 93% em relação ao ano passado. A do Palmeiras, a mais vendida entre os clubes do Brasil, cresceu 22%, impulsionado principalmente pelas comemorações do centenário do clube paulista.

Camisas mais vendidas infantis*

Pos.	Clube
1°	Barcelona-ESP
2°	Palmeiras
3°	Manchester City-ING

4°	Flamengo
5°	Manchester United-ING
6°	São Paulo
7°	Corinthians
8°	Bayern de Munique-ALE
9°	Real Madrid-ESP
10°	Chelsea-ING

*Em 186 lojas da Centauro, em 22 Estados, mais Distrito Federal, entre janeiro e setembro de 2014.

Mas, afinal, o ranking é uma preocupação para os clubes brasileiros? Que os grandes clubes europeus possuem uma gestão profissional de marketing além fronteiras há muitos anos, não é novidade. Que seus campeonatos, marcas e craques frequentam nossas TVs em tempo semelhante também não. Então, o que nossos clubes podem fazer para não perderem mercado?

A primeira ação parece óbvia, exceto para os clubes nacionais: ofertar uma grade de tamanhos que atenda as crianças de todas as idades. Encontrar uma camisa infantil dos grandes clubes brasileiros para crianças de 2, 4 ou 5 anos é raro nas principais lojas do país.

A oferta por preços acessíveis também é um ponto a ser trabalhado uma vez que os principais clubes e fornecedores de material esportivo precificam as camisas infantis praticamente nos mesmos valores das camisas para adultos e clubes internacionais, dificultando o acesso aos produtos pelas camadas mais populares da população.

A distribuição também é um ponto fraco dos clubes brasileiros ou das grandes fornecedoras de material esportivo que não possuem uma logística de apresentação das camisas em todo o território nacional e principalmente no exterior, inclusive na América Latina, onde os clubes brasileiros poderiam explorar melhor suas marcas e a legião de extrangeiros latinos que jogam no futebol verde e amarelo.

Com ações de marketing integradas com seus planos de marketing, de lojas oficiais e de sócio-torcedor, os clubes nacionais podem ampliar suas receitas com a venda de produtos oficiais e licenciados, fortalecendo seus elencos, disputando títulos e ganhando novos torcedores. Um jogo onde todos ganham, mas é preciso que nossos clubes joguem para valer neste campeonato.

As dez camisas de futebol mais vendidas do mundo

Um recente estudo da **Euromericas Sports Marketing** destacou o Real Madrid como o clube que mais vendeu camisas em todo o mundo na última temporada. De acordo com o levantamento, foram mais de 2.5 milhões de unidades comercializadas no período. Naturalmente, a mais procurada pelos fãs foi a 7 de Cristiano Ronaldo.

O ranking segue com FC Barcelona (2.44 milhões), Bayern de Munique (1.977 mi), Manchester United (1.945 mi) e Chelsea (1.866 mi).

A estratégia de contratações de estrelas globais também alavanca a venda de camisas. Exemplo foi a contratação do meia James Rodríguez pelo Real Madrid em 2014. Nas primeiras 48 horas, foram vendidas 345 mil camisas com o número 10 do clube, rendendo um valor de 33.4 milhões de euros (em torno de R$ 100 milhões), levando-se em conta que cada uma custa 97 euros (R$ 291). O diário espanhol "AS" destacou que grande parte do sucesso se deve à venda pela Internet. O maior número de pedidos vem da Colômbia e do mercado asiático.

Focando apenas na Ásia, um novo primeiro colocado: o Manchester United. Com a popularidade impulsionada por anos de David Beckham no clube e sucessivas pré-temporadas no continente, os Red Devils assumem a liderança quando se trata deste mercado.

Segundo pesquisa realizada no final de 2014, pela agência Euroamericas, Corinthians e Boca Juniors são os clubes da América mais conhecidos na Ásia, no entanto nenhum aparece no ranking em um sinal claro da pouca exploração de marketing pelos clubes latinos no continente asiático.

Ainda sobre o território chinês, destacam-se as ausências de Chelsea e Liverpool, a terceira colocação do PSG – de sexto global para terceiro na Ásia – e as entradas de Atlético de Madrid, Valência (cujo novo proprietário é de Singapura) e Bayer Leverkusen.

Top 10 camisas mais vendidas no mundo:

1. Real Madrid: 2.533 milhões
2. Barcelona: 2.440 mi
3. Bayern Munique: 1.977 mi
4. Manchester United: 1.946 mi
5. Chelsea: 1.866 mi
6. Paris Saint-Germain: 1.733 mi
7. Arsenal: 1.455 mi
8. Liverpool: 1.177 mi
9. Juventus: 1.078 mi
10. AC Milan: 987 mil

Top 10 Ásia:

1. Manchester United
2. Real Madrid
3. Paris Saint-Germain
4. Barcelona
5. Arsenal
6. AC Milan
7. FC Valencia
8. Atlético de Madrid
9. Manchester City
10. Bayer Leverkusen

OS CONTRATOS DE NAMING RIGHTS NAS NOVAS ARENAS BRASILEIRAS

Além do boom nas receitas dos clubes, os novos estádios podem trazer para o nosso mercado uma tendência cada vez mais comum nos EUA e Europa, os contratos de *naming rights*, em que uma marca coloca seu nome na arena, por um contrato de longo prazo.

A Fonte Nova se tornou a primeira das novas arenas que serão utilizadas na Copa do Mundo de 2014 a anunciar um contrato de direitos sobre o nome do estádio. O Grupo Petrópolis investirá R$ 10 milhões por ano, por dez anos, para ter o direito de incorporar uma de suas marcas ao nome do estádio, que será chamado de Itaipava Arena Fonte Nova.

Os termos do contrato apontam ainda que a cerveja Itaipava e outras marcas do Grupo Petrópolis poderão comercializar seus produtos com exclusividade nos restaurantes e bares do estádio.

Segundo levantamento da consultoria **BDO RCS**, o mercado global de *naming rights* ultrapassou US$ 4 bilhões, sendo mais de 70% desse volume em investimentos corporativos no mercado norte-americano. Os casos mais emblemáticos no futebol são do *Emirates Stadium*, do Arsenal, cujo contrato assinado superou US$ 178 milhões, sendo 15 anos pelo *naming rights* e 7 anos pelo patrocínio oficial ao clube e o *Allianz Arena*, em Munique, cujo contrato foi de US$ 115 milhões, por um período de 15 anos.

Ação criada pela Y&R fez parte da cerimônia de batismo da Arena Itaipava Fonte Nova

Ainda segundo a consultoria, o investimento para levar o nome em um estádio vai muito além da marca estampada. O projeto deve incluir inúmeras propriedades que devem ser entregues ao patrocinador, somado às diferentes ações de comunicação, potencializando o investimento. Entre os muitos exemplos, vale destacar as estratégias de marketing em dias de jogos e especialmente na transformação da arena em um pólo de consumo, entretenimento e turismo.

Segundo análise da BDO RCS, os contratos de *naming rights* para os 12 estádios que vão sediar jogos para a Copa de 2014 podem produzir, em 20 anos, cerca de R$ 1,56 bilhão ou R$ 78 milhões por ano. Caso esse dado se confirme, os novos valores anuais dos *naming rights* vão fazer com que as receitas de patrocínio dos clubes brasileiros cresçam cerca de 21%, graças a esses recursos novos.

► **Valor projetado dos Naming Rights- Estádios Copa de 2014**

Arena	Naming Rights Valor em 20 anos		Naming Rights Valor por ano	
Maracanã-RJ	R$	300.000.000	R$	15.000.000
Fielzão-SP	R$	300.000.000	R$	15.000.000
Mineirão-MG	R$	220.000.000	R$	11.000.000
Fonte Nova-BA	R$	120.000.000	R$	6.000.000
Mané Garrincha-DF	R$	90.000.000	R$	4.500.000
Beira Rio-RS	R$	90.000.000	R$	4.500.000
Arena da Baixada-PR	R$	90.000.000	R$	4.500.000
Arena Recife-PE	R$	90.000.000	R$	4.500.000
Vivaldão-AM	R$	70.000.000	R$	3.500.000
Castelão-CE	R$	70.000.000	R$	3.500.000
Verdão- MT	R$	60.000.000	R$	3.000.000
Arena das Dunas-RN	R$	60.000.000	R$	3.000.000
Total	**R$**	**1.560.000.000**	**R$**	**78.000.000**

BDO

Naming roghts, no futebol brasileiro, ainda são tímidos em relação ao futebol internacional, porém com um cenário promissor. Se-gundo a pesquisa, a **Allianz Parque** (15 milhões de reais por ano), do Palmeiras; Arena Itaipava do Nordeste (10 milhões de reais anuais) e Arena Itaipava Fonte Nova (10 milhões de reais anuais) seriam apenas, respectivamente, 7º e 8º na lista da Pre-mier League.

Os três primeiros da liga inglesa são Manchester City, cujo contrato pelo *Etihad Stadim* custa o equivalente a 69,2 milhões de reais anuais, Manchester United, que deve receber o equivalente 64,3 millhões de reais por ano com o novo contrato do *Old Trafford*, e Arsenal, que recebe da Emirates o equivalente a 25,6 milhões de reais anuais pelo nome de seu estádio.

Novos batismos em breve?

Arena Corinthians – segundo Andrés Sanches (ex-presidente do clube e gestor das obras do estádio), três empresas, incluindo a Itaipava, que recentemente adquiriu os direitos de nome da Fonte Nova, estão na disputa. O clube revelou ainda que uma companhia aérea está na disputa. Vale lembrar que a Emirates já adquiriu o nome do estádio do inglês Arsenal. A pedida corintiana é de R$ 20 milhões por ano e um contrato de 20 temporadas: R$ 400 milhões no total.

Arena da Baixada (Atlético Paranaense) – o clube foi o pioneiro no Brasil a vender o nome para exploração. De março de 2005 até 2009, o estádio era conhecido como Kyocera Arena, ostentando a marca da empresa japonesa de componentes eletrônicos. Segundo o clube, as negociações para uma nova parceria estão sendo firmadas com empresas da Europa e EUA.

Todos em campo contra a homofobia

No esporte, a homossexualidade sempre foi tabu. Nas arquibancadas os homosexuais são citados em cânticos ofensivos e xingamentos. Para quebrar a perpetuação do preconceito, nas últimas semanas, pipocam no Facebook páginas criadas por torcedores de clubes brasileiros pedindo o fim da homofobia no esporte.

A primeira destas iniciativas foi da torcida do Atlético Mineiro. A página Galo Queer (gíria para gay, em inglês) foi criada no dia 9 de abril e já conta com quase 5 mil fãs na rede social.

Na postagem de criação da página, os comentários se dividiam entre pessoas que apoiavam a iniciativa e outras que xingavam a pessoa que criou a página alegando se tratar de obra de algum torcedor do rival Cruzeiro. Com o tempo, os comentários homofóbicos foram sumindo da página. E depois desta iniciativa, torcedores de outros clubes também resolveram criar páginas contra a homofobia.

Os administradores dos espaços lembram que a ideia não é criar torcidas de homossexuais e, sim, promover o fim da intolerância à diversidade sexual. Entre os que curtem as páginas, estão muitos heterossexuais.

Uma pesquisa da Universidade de Staffordshire, na Inglaterra, dá indícios de que estamos próximos de novos tempos. O trabalho, com participação de mais de 3 mil entrevistados entre torcedores, jogadores, árbitros e técnicos, mostrou que quase todos (93%) condenam o preconceito aos gays no esporte – e 60% disseram que gostariam de ver jogadores assumindo sua homossexualidade.

Outro fato que teve destaque recentemente foi a declaração de Rick Welts, presidente do Golden State Warriors, time da NBA, e gay assumido, que contou em entrevista à gigante da comunicação Bloomberg que a Nike — maior patrocinadora esportiva do planeta — tem apoiado iniciativas de revelação de homossexualidade em público.

De acordo com ele, a empresa colocaria em foco as oportunidades positivas que poderiam aparecer a partir disso.

A declaração de Welts à imprensa tem repercutido muito entre atletas. Tanto que a pioneira no UFC feminine, Liz Carmouche, se apressou em reforçar no Twitter ser homossexual. Ela disse que adoraria um novo patrocínio. Na rede social, a lutadora escreveu: "Nike, se vocês estão procurando uma atleta gay para patrocinar, eu sou a primeira assumida do UFC. Lutei no primeiro combate feminino do mundo".

Matéria publicada no portal R7 destaca que concorrentes e especialistas em marketing esportivo afirmam que o recado da Nike segue uma tendência já detectada pelo mercado, e a multinacional não é a única que se vê diante de oportunidades de negócio, caso obtenham um "genuíno garoto-propaganda" da causa gay no mundo dos esportes. Estudos apontam que trata-se de um mercado de R$ 1,6 trilhão, ainda inexplorado.

Ao mesmo tempo que o mercado publicitário está de olho nas oportunidades que a presença de grandes atletas gays poderia trazer, o próprio mundo do esporte deixaria de lado o preconceito.

Na MLB, a liga americana de beisebol, o gerente do Boston Red Sox, John Farrell, declarou recentemente que um jogador gay seria bem vindo ao time. Na NHL, a liga de hóquei no gelo, foi lançado na semana passada o projeto "Você Pode Jogar", o qual visa combater à homofobia no esporte e estimular a presença de homossexuais na modalidade.

Confira e curta a lista de algumas páginas anti-homofobia criadas por torcedores no Facebook:

Atlético Mineiro: Galo Queer
Cruzeiro: Cruzeiro Maria
São Paulo: Bambi Tricolor
Náutico: Timbu Queer
Grêmio: Grêmio Queer
Vitória: Vitória Livre
Bahia: EC Bahia Livre
Internacional: Queerlorado
Palmeiras: Palmeiras Livre
Corinthians: Corinthians Livre
Flamengo: Flamengo Livre

Homofobia é gol contra no futebol

Para início de conversa, esse assunto é tão importante quanto os gols da rodada. Embora a homossexualidade esteja cada vez mais consolidada na sociedade atual, ainda são poucas as empresas e clubes que sabem lidar com o tema.

Nos últimos dias, o Corinthians divulgou manifesto contra a homofobia, pedindo entre outras coisas, o fim do grito de "bicha" no tiro de meta do goleiro adversário. A torcida alvinegra costuma, principalmente, insultar o goleiro Rogério Ceni, do São Paulo, nos clássicos contra o rival em que o Corinthians é mandante.

Para os movimentos que lutam pelo fim do machismo e do preconceito contra homossexuais nos estádios, são gritos como este que ajudam a tornar as arquibancadas um ambiente "hostil e opressor", até mesmo intimidador, não somente para gays, mas para todas as famílias brasileiras.

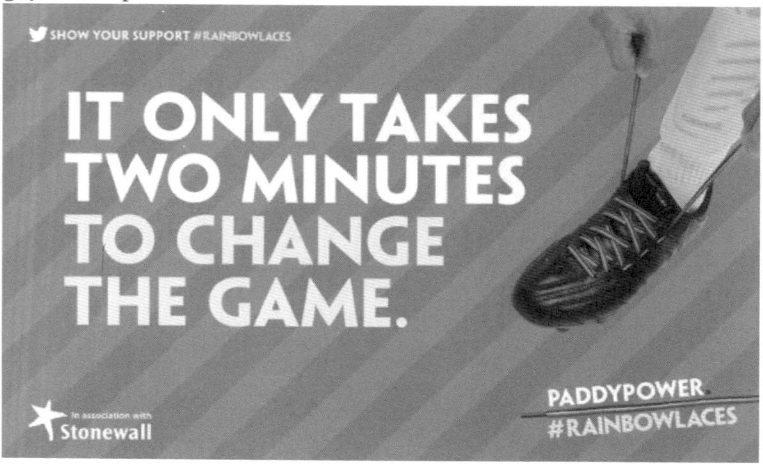

Outros goleiros também já sofreram isso por parte dos corintianos. Justamente por isso, e também para evitar qualquer represália do STJD, o clube quer acabar com os gritos.

Na Europa, federações e clubes se uniram em campanhas contra a homofobia, como a "Rainbow Laces" (Cadarços Arco-íris, numa tradução livre), lançada na Inglaterra em 2013.

Nesta campanha, jogadores dos clubes da principal liga do futebol inglês usaram cadarços coloridos nas chuteiras para conscientizar as pessoas sobre o problema. Outras iniciativas parecidas já ocorreram na Alemanha e na Espanha.

Independente dos motivos, a ação desenvolvida pelo Corinthians deve ser elogiada, difundida e copiada pelos demais clubes. O futebol é um esporte de todos e o fim da homofobia trará vitórias para todos os lados. E lembremos que um ato de homofobia é para ser lamentado muito mais que um gol contra o seu time...

Confira, na íntegra, o manifesto feito pelo time e divulgado em seu site oficial, na página seguinte.

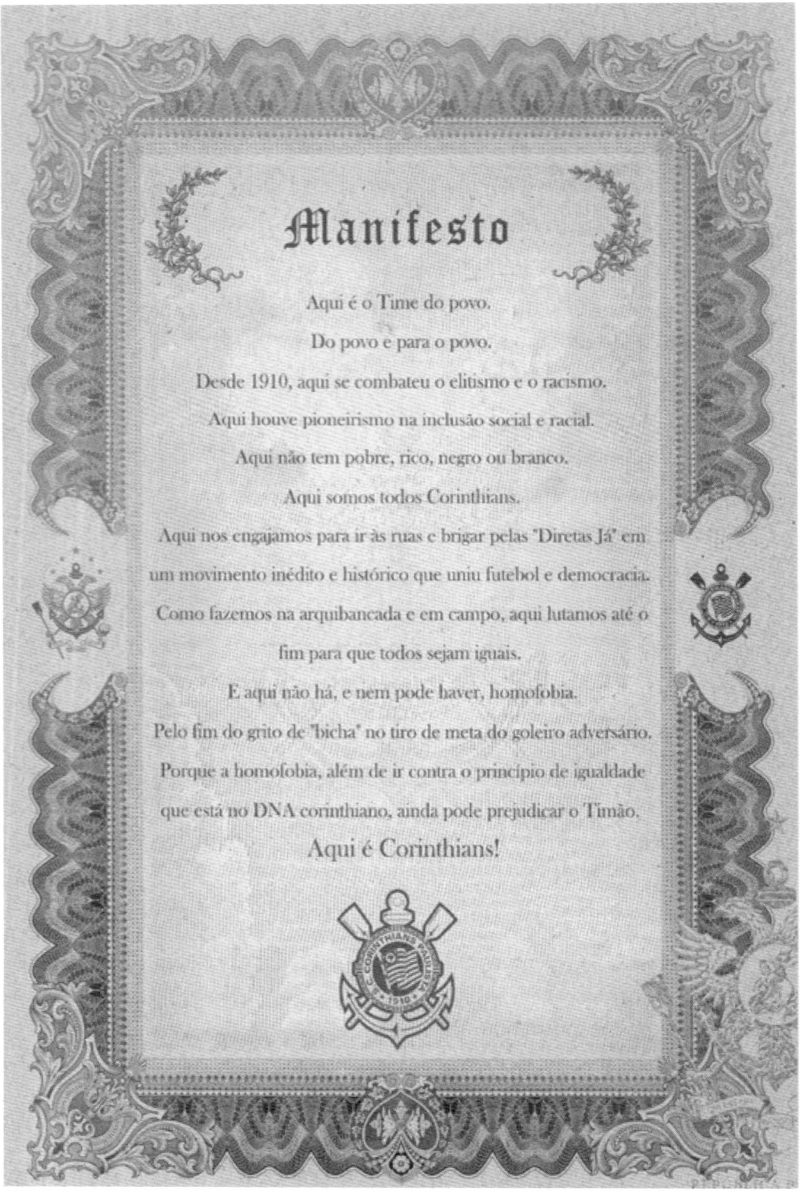

Manifesto

Aqui é o Time do povo.

Do povo e para o povo.

Desde 1910, aqui se combateu o elitismo e o racismo.

Aqui houve pioneirismo na inclusão social e racial.

Aqui não tem pobre, rico, negro ou branco.

Aqui somos todos Corinthians.

Aqui nos engajamos para ir às ruas e brigar pelas "Diretas Já" em um movimento inédito e histórico que uniu futebol e democracia.

Como fazemos na arquibancada e em campo, aqui lutamos até o fim para que todos sejam iguais.

E aqui não há, e nem pode haver, homofobia.

Pelo fim do grito de "bicha" no tiro de meta do goleiro adversário.

Porque a homofobia, além de ir contra o princípio de igualdade que está no DNA corinthiano, ainda pode prejudicar o Timão.

Aqui é Corinthians!

"Aqui é o time do povo. Do povo e para o povo. Desde 1910, aqui se combateu o elitismo e o racismo. Aqui houve pioneirismo na inclusão social e racial. Aqui não tem pobre, rico, negro ou branco. Aqui somos todos Corinthians. Aqui nos engajamos para ir às ruas e brigas pelas 'Diretas Já' em um movimento inédito e histórico que uniu o futebol e democracia. Como fazemos na arquibancada e em campo, aqui lutamos até o fim para que todos sejam iguais. E, aqui não há, e nem pode haver, homobia. Pelo fim do grito de 'bicha' no tiro de meta do goleiro adversário. Porque a homofobia, além de ir contra o princípio de igualdade que está no DNA corinthiano, ainda pode prejudicar o Timão. Aqui é Corinthians".

Flamengo troca de camisa com gol de placa da Olympikus

O Flamengo acaba de trocar seu fornecedor de material esportivo. No lugar da Olympikus entra a Adidas.

Para fechar a parceria da Olympikus com o clube, a empresa marcou um gol de placa apresentando a "camisa eterna", que será guardada no museu rubro-negro e promete resistir a fogo, água e grandes impactos.

A Olympikus apresentou o vídeo com a "Camisa Eterna", réplica ultrarresistente do uniforme utilizado na conquista do Campeonato Brasileiro de 2009, simbolizando vínculo eterno entre a marca e a agremiação carioca.

Veja o video:

http://www.youtube.com/watch?v=eVwyTC8CvVE

De acordo com o contrato, válido até 2023, o Flamengo receberá cerca de R$ 35 milhões anuais, que podem variar de acordo com a conquista de títulos. Nos cinco primeiros anos de contrato, as conquistas valem: Carioca (R$ 250 mil); Copa do Brasil (R$ 300 mil); Copa Sul-Americana (R$ 400 mil); Brasileiro (R$ 1 milhão), Copa Libertadores (R$ 1,5 milhão) e Mundial (R$ 800 mil). Após o sexto ano de acordo, os valores serão reajustados. Estes valores colocam o contrato do clube entre os 10 maiores do mundo quando o assunto é material esportivo.

Tabela com os maiores contratos de fornecimento de material esportivo (futebol):

#	Clube	Fornecedor	Início	Final	Renovação	Euros	Reais
1º	**Real Madrid**	**adidas**	**1998**	**2020**	**2012**	**38,0**	**100,8**
2º	**Barcelona**	**Nike**	**1998**	**2018**	**2008**	**33,0**	**87,5**
3º	**Manchester United**	**Nike**	**2002**	**2015**	**-**	**31,5**	**83,5**
4º	**Liverpool**	**Warrior**	**2012**	**2015**	**-**	**31,0**	**82,2**
5º	**Chelsea**	**adidas**	**2006**	**2018**	**2011**	**24,8**	**65,7**
6º	**Bayern Munchen**	**adidas**	**1966**	**2020**	**2012**	**20,0**	**53,0**
7º	**Internazionale**	**Nike**	**1998**	**2018**	**2009**	**18,1**	**48,0**
8º	**Manchester City**	**Nike**	**2013**	**2019**	**-**	**14,9**	**39,5**
9º	**Milan**	**Adidas**	**1998**	**2017**	**2007**	**14,9**	**39,5**
10º	Flamengo	Adidas	2013	2023	-	13,4	35,6
11º	**Juventus**	**Nike**	**2003**	**2016**	**-**	**13,1**	**34,7**
12º	Corinthians	Nike	2003	2022	2012	11,8	31,3

Corinthians é o clube mais valioso fora da Europa, diz Forbes

Um estudo divulgado pela revista Forbes (abril/2013) aponta o Corinthians como o clube de futebol mais valioso fora da Europa, o 16º no ranking mundial. Na liderança da lista está o Real Madrid, que pela primeira vez venceu uma disputa particular com o Manchester United na avaliação da revista.

Mais que os rendimentos de cada clube, a Forbes avalia o valor da marca de cada um deles. O Real Madrid, segundo a revista, custaria US$ 3,3 bilhões (R$ 6,6 bi), contra US$ 3,16 bilhões do Manchester United (R$ 6,32 bi). O Corinthians, por sua vez, valeria U$ 358 milhões (R$ 716 mi) e é o primeiro time não-europeu a figurar no ranking desde que ele foi criado, em 2004.

Para justificar a inclusão do Corinthians, a revista exalta algumas ações de marketing recentes, como a parceria com Anderson Silva, astro do MMA cuja imagem tem alcance global, a criação da TV Corinthians, e o contrato de patrocínio com a Caixa, o maior do futebol brasileiro. A revista exalta ainda a capacidade do Corinthians de capitalizar sua popularidade no futebol e em outros esportes.

Com um aumento de 76% no valor de sua marca, o Real Madrid agora lidera a lista de 20 equipes mais valiosas do planeta, levando em conta a arrecadação com ingressos, valor pago pelos patrocinadores e direitos de TV, entre outros fatores. Além do time da capital espanhola, Manchester United e Barcelona também tiveram valorização na marca: US$ 3,165 milhões e US$ 2,6 milhões, respectivamente. O Barcelona, também espanhol, aparece na terceira colocação.

O Corinthians, ao contrário de Real Madrid e Manchester United, por exemplo, não tem o apoio financeiro de magnatas, como Florentino Pérez, presidente do Real, e a família Glazer, dona do Manchester United. As duas equipes são as mais ricas do mundo, com receitas, em 2012, de 650 milhões de dólares (cerca de R$ 1,3 bilhão) e 502 milhões de dólres (cerca de R$ 1 bilhão).

De acordo com a Forbes, existem 1.426 bilionários no mundo, dos quais 60 detém clubes de futebol. Apesar de existirem 46 bilionários brasileiros, nenhum deles tem envolvimento com o clube paulista. Na sequência do ranking, aparecem Arsenal (Inglaterra), Bayern de Munique (Alemanha), Milan (Itália), Chelsea (Inglaterra), Juventus (Itália), Manchester City (Inglaterra) e Liverpool (Inglaterra).

No top 20, aparecem outras equipes de grande torcida no futebol europeu, como o Borussia Dortmund (Alemanha, na 13ª posição), a Inter de Milão (Itália, na 14ª colocação) e o Newcastle United (Inglaterra), que fecha a lista.

Veja abaixo a lista dos clubes mais valiosos do mundo

1° – Real Madrid – 3,3 bilhões de dólares (cerca de R$ 6,6 bilhões)

2° – Manchester United – 3,165 bilhões de dólares (cerca de R$ 6,3 bilhões)

3° – Barcelona – 2,6 bilhões de dólares (cerca de R$ 5,2 bilhões)

4° – Arsenal – 1,326 bilhão de dólares (cerca de R$ 2,65 bilhões)

5° – Bayern de Munique – 1,309 bilhão de dólares (cerca de R$ 2,62 bilhões)

6° – Milan – 945 milhões de dólares (cerca de R$ 1,9 bilhão)

7° – Chelsea – 901 milhões de dólares (cerca de R$ 1,8 bilhão)

8° – Juventus – 694 milhões de dólares (cerca de R$ 1,38 bilhão)

9° – Manchester City – 689 milhões de dólares (cerca de R$ 1,37 bilhão)

10° – Liverpool – 651 milhões de dólares (cerca de R$ 1,3 bilhão)

11° – Tottenham – 520 milhões de dólares (cerca de R$ 1 bilhão)

12° – Schalke 04 – 498 milhões de dólares (cerca de R$ 995 milhões)

13° – Borussia Dortmund – 456 milhões de dólares (cerca de R$ 911 milhões)

14° – Internazionale – 401 milhões de dólares (cerca de R$ 801 milhões)

15° – Olympique de Lyon – 368 milhões de dólares (cerca de R$ 736 milhões)

16° – Corinthians – 358 milhões de dólares (cerca de R$ 715 milhões)

17° – Napoli – 330 milhões de dólares (cerca de R$ 660 milhões)

18° – Hamburgo – 300 milhões de dólares (cerca de R$ 600 mihões)

19° – Olympique de Marselha – 285 milhões de dólares (cerca de R$ 570 milhões)

20° – Newcastle United – 263 milhões de dólares (cerca de R$ 526 milhões)

Top 10 clubes da América mais populares na Ásia

Um estudo desenvolvido pela agência Euromericas Desporto Marketing fez um levantamento entre os clubes de futebol da América mais populares no continente asiático. Especializada em marketing esportivo, a empresa argentina realizou o estudo entre os meses de outubro e novembro de 2014 e diz ter precisão dos resultados de 99,8%.

A lista é encabeçada pelo Corinthians, com o Boca Juniors em segundo lugar e o America, do México, em terceiro. Santos, em quarto, Inter, em sétimo, e São Paulo, em décimo, são os outros brasileiros na relação.

Outros países que se destacaram no estudo foram México e Argentina, com três e dois clubes, respectivamente, na lista. Os Estados Unidos completam o top 10 com o New York Red Bulls.

Gerardo Molina, diretor da agência e professor de marketing esportivo, ressaltou que a análise é representativa. Para a realização da pesquisa, foram levadas em conta a preferência das empresas, dos executivos do mundo esportivo e de torcedores asiásticos. Tais dados foram cruzados com informações relacionadas às redes sociais e às transmissões de televisão dos clubes.

A pesquisa é mais um motivador para que os clubes brasileiros fortaleçam a presença internacional aproveitando a força da marca do futebol brasileiro, desenvolvendo ações de relacionamento com novos mercados e ampliando suas receitas, com a venda de camisas e demais produtos licenciados, jogos amistosos, intercâmbios e transmissões de jogos.

Clubes da América mais populares na Asia:

Corinthians (Brasil)
Boca Junios (Argentina)
America (México)
Santos (Brasil)
River Plate (Argentina)
Chivas (México)
Internacional (Brasil)
Santos Laguna (México)
New York Red Bulls (EUA)
São Paulo (Brasil)

Quem está ganhando o jogo pelo sócio-torcedor?

Abaixo destaquei as principais caracteristicas, vantagens e números dos dois programas para que você possa responder a nossa pergunta inicial.

5 opções para ser sócio-torcedor do Cruzeiro

Valor anual (podendo ser dividido em até 12X): De R$ 330,00 a R$ 2.400,00.

Benefício: preferência na compra do ingresso (pacote Cruzeiro Sempre) ou ingresso garantido nos demais programas, variando o setor do estádio nos jogos em que o clube é mandante.

Segundo o Site Oficial do Cruzeiro, até o final de maio de 2013, o clube alcançou a marca de 28 mil Sócios do Futebol.

Com um crescimento de 290%, em 2013, o Cruzeiro ocupa a primeira posição em quantidade de adesão somente neste ano.

Com isso, o programa se aperfeiçoa para melhor atender ao seu público, além das categorias já existentes: Cruzeiro Sempre, Brasileiro, Libertadores e Tríplice Coroa; o Sócio do Futebol lançou, em abril, a categoria Copa do Brasil, que possibilita ao sócio a entrada garantida a todos os jogos em casa, com mando de campo celeste, por um valor mensal fixo de R$95.

Vale destacar que somente a categoria Cruzeiro Sempre não possui a garantia de ingresso, porém viabiliza ao sócio a chance de comprar entradas para os jogos dois dias antes da abertura das bilheterias.

Além de valorizar o torcedor mirim com o Sócio do Futebol kids, a turminha de zero a 12 anos pagam a metade do valor da categoria desejada, exceto Cruzeiro Sempre.

Em todas as categorias, o Sócio do Cruzeiro garante uma média de desconto de 50% em relação a quem compra ingressos, além de não precisar enfrentar filas para garantir presença nas partidas com mando de campo do Cruzeiro.

Além disso, os associados fazem parte do Sócio do Futebol e acumulam pontos, chamados "Cruzeiros", e trocam por benefícios no site www.sociodofutebol.com.br.

O Sócio ainda tem descontos em rede de supermercados, lojas de material esportivo, tv por assinatura, entre muitos outros em todo o território nacional, para mais informações acesse www.futebolmelhor.com.br .

2 opções para ser sócio-torcedor do Atlético Mineiro

São 5.400 sócios do Galo na Veia, que dá, entre outros benefícios, o direito ao associado de visitar a Cidade do Galo através do resgate de pontos e ir a todos os jogos do clube como mandante.

Em 2013, o clube aumentou o valor de sua mensalidade para R$ 300, no ato da renovação. O valor antigo era de R$ 200, mais a taxa de R$ 50 paga na hora da associação. Agora, a arrecadação do plano salta de R$ 1.080.000,00 para R$ 1.620.000,00, um aumento de 33,3%.

Apesar do aumento de 100 reais, quem optar por pagar o plano à vista – um ano de participação – continuará a pagar 2.400 reais (R$ 200 por mês, em média). O aumento poderá até desmotivar algumas renovações, mas a procura por vagas de inadimplentes são grandes. Segundo a assessoria do clube, há mais de 2 mil torcedores na fila de espera.

O Galo da Veia Prata é o Segundo programa do clube, com o custo de R$ 29,00 mensais. O início do programa Galo na Veia Prata não determinava nenhuma preferência na compra de ingressos para os adeptos. Mas, depois da confusão na venda de bilhetes para Atlético e São Paulo, pela Libertadores, o presidente Alexandre Kalil decidiu implantar a prioridade para quem contribui com R$ 29 mensais. Agora, um dia antes da abertura das bilheterias, o associado pode tentar retirar o ingresso. O direito é individual e limitado a um bilhete.

Antes da modificação no sistema de sócios Prata, o clube dava apenas benefícios como descontos em estabelecimentos comerciais conveniados, produtos oficiais e cotas do Labareda e Vila Olímpica.

Atualmente, o Atlético conta, de acordo com o site Futebol Melhor, com quase 10 mil associados do Galo na Veia Prata. Além desses, o clube tem 5.400 contribuintes do Galo na Veia (tradicional).

Os programas mostram que os clubes começam a dar maior importância e profissionalismo aos programas de sócio-torcedor, mas ainda estamos nos 15 minutos do primeiro tempo. No clássico mineiro, a Raposa começa vencendo a partida que ainda terá muita bola rolando.

Para fechar, segue relatório com os 10 clubes com maior número de sócios no Brasil e 15 boas ideias que o líder Internacional desenvolve em seu plano para inspiração dos clubes mineiros.

Relatório sócio-torcedor
http://www.futebolmelhor.com.br
17/08/2015

Benchmarking com o líder Internacional

1) **Preferência na compra dos ingressos**, podendo adquiri-los antes da torcida em geral (o clube possui mais sócios do que a capacidade máxima do estádio Beira Rio).

2) **Ter direito a voto e ser votado nas eleições para o Conselho Deliberativo e presidência após dois anos de associação.** Poderá se tornar conselheiro e cônsul do Inter.

3) Receber materiais promocionais quando estes forem distribuídos aos sócios;

4) Participar de sorteios e promoções direcionados aos sócios;

5) Obter descontos na aquisição de produtos em lojas conveniadas com o Clube através da Rede Colorada de Descontos e nas Lojas Inter Sport;

6) Obter descontos no Estacionamento do Beira Rio em dia de jogos;

7) Ter acesso ao Museu do Inter e à Visita Colorada com descontos;

8) Obter descontos em atividades do complexo do Parque Gigante, como Academia, Hidroginástica e Natação;

9) Usufruir do Paixão Premiada, o programa de vantagens que vai converter em pontos tudo o que o associado investir mensalmente no Colorado, bem como da Fidelidade Premiada.

10) Sócio Coloradinho, este pequeno torcedor ganhará uma carteirinha personalizada e terá acesso livre a setores não-numerados do Beira-Rio. Poderá participar de uma série de ações e promoções desenvolvidas pelo Inter, além de receber a cada dois meses uma revista/gibi voltada ao público infanto-juvenil chamada 'Saci, Escurinho & Cia.'. O valor da mensalidade é de R$ 5,00.

11) Sócio Contribuinte Campeão do Mundo

Os valores mensais vão levar em conta a distância do torcedor em relação ao Beira-Rio e a frequência com que vão aos jogos do Colorado. Mensalidades a partir de R$ 23,00.

12) Sócio Residente no Exterior

Mensalidade de R$ 23,00 para os torcedores que residem fora do Brasil, mas que querem colaborar com o clube.

13) Sócio Express

Para torcedores em visita/férias na cidade ou como uma boa alternativa de presente. O pacote ofecere vantagens de sócio por até 90 dias, nos valores de: R$ 46,00 (30 dias), R$ 72,00 (60 dias) e R$ 98,00 (90 dias).

14) Mascote Colorado

O torcedor ou sócio do Inter poderá cadastrar o seu animalzinho de estimação, seja cachorro, gato, passarinho, peixe etc. O valor é de R$ 40,00 para sócios e R$ 50,00 para não-sócios.

15) Acesso à versão digital da Revista do Inter (por meio do site exclusivo dos sócios).

Quer saber mais? Acesse o site:
http://www.futebolmelhor.com.br

Clubes brasileiros descobrem o Franchising

Em um mercado dominado por negociações de patrocínio, vendas de direitos de transmissão e, nos melhores casos, bilheterias, o futebol brasileiro começa a atentar para outra fonte de receita. Os licenciamentos ganham maior participação no faturamento dos principais clubes do país, e a principal razão está no surgimento de redes de lojas sob o formato de franquias.

Segundo dados da Associação Brasileira de Franchising (ABF), o segmento de Negócios, Serviços e Outros Varejos teve uma participação de 21% na composição do faturamento do setor de franquias em 2014.

Para 2015, a ABF espera um crescimento do faturamento do setor de franquias entre 7,5% e 9%. Em 2014, o setor faturou 127 bilhões de reais e teve um crescimento de 7,7% em relação ao faturamento do ano anterior. Já o número de marcas deve aumentar 8%, e o de novas unidades deve crescer entre 9% e 10%.

Segundo o balanço, o número de unidades das redes teve um aumento de 9,8%, subindo para 125.641. Foram abertas 11.232 unidades no ano passado e a taxa de mortalidade de empresas no sistema de franquias foi de 3,7%, sendo que o índice de mortalidade dos negócios tradicionais, segundo o Sebrae, é de 24,9% em dois anos.

Já no caso de lançamento de novas redes de franquia, o crescimento foi de 8,8%, em 2014, comparado ao ano anterior. O balanço mostra que o número de marcas aumentou de 2.703

para 2.942 no período analisado, ou seja, entraram no mercado 239 novas franqueadoras.

Apesar destes bons números do franchising, a grande maioria das equipes brasileiras ainda não entraram para valer neste campeonato, com poucas excessões, como Corinthians, São Paulo e Vasco.

Em Minas Gerais, o Atlético possui 9 lojas, sendo todas na grande Belo Horizonte. No site do clube, www.atletico.com.br, e em pesquisas na internet não é encontrado nenhum registro de como adquirir uma franquia e do modelo de negócio, caso exista.

O rival Cruzeiro, lançou, em 2012, o projeto de franquia para expansão das lojas do clube. Segundo o site do clube, http:// www.cruzeiro.com.br, a Rede Maior de Minas possui uma unidade inaugurada em dezembro de 2012, no Itaú Power Shopping, na região metropolitana de Belo Horizonte, e outra unidade inaugurada em fevereiro de 2013, no setor sul do Estádio Magalhães Pinto, o Mineirão. Em abril de 2013, foi inaugurada, no Barro Preto, mais uma unidade da franquia do clube. O clube repassou a gestão de franquias para uma empresa especializada na área, a mesma que gerencia as lojas de Corinthians, São Paulo e Vasco.

Franquia Oficial do Cruzeiro
http://www.cruzeiro.com.br
14 lojas distribuídas na capital mineira e interior do estado de Minas Gerais.

Franquia Oficial do Vasco da Gama
http://www.redegigantedacolina.com.br
9 lojas distribuídas no Rio de Janeiro.

Franquia Oficial do São Paulo F.C.

http://www.lojasaopaulomania.com.br

15 lojas distribuídas pela capital paulista e interior do estado de SP.

Franquia Oficial do Corinthians

http://www.redepoderosotimao.com.br/

Mais de 100 lojas espalhadas em 6 estados do Brasil e no Distrito Federal.

Uma das grandes vantagens de abrir franquias está no fator geográfico. Para clubes com torcedores espalhados por todo o país, eles representam consumidores em potencial de produtos licenciados, e portanto precisam ser alcançados de algum modo.

O melhor exemplo é o Corinthians, dono do maior faturamento do país. De 2007 para 2011, segundo consta nos balanços financeiros anuais, a verba levantada com produtos licenciados saltou de R$ 300 mil para R$ 14 milhões. Esse período coincide com a estruturação da "Poderoso Timão", como são chamadas as lojas da equipe paulista.

Entrar nesse ramo exige investimento inicial entre R$ 100 mil e R$ 200 mil – com base nos planos de negócios das lojas Poderoso Timão e Academia Store, que vende artigos do Palmeiras. Para obter sucesso, é preciso encontrar um bom ponto. A loja exige espaço entre seis metros quadrados (quiosques) e 100 metros quadrados, nos projetos para unidades de rua e centros de compras

Duas empresas de franchising disputam a artilharia no segmento de produtos licenciados por clubes de futebol: a SPR Sports e a Meltex. Juntas representam as franquias de artigos oficiais de dez grandes times, além da Seleção Brasileira.

Pacaembu – O gigante sem dono (em um Brasil que foi pra rua)

Em dias de manifestações, em centenas de cidades brasileiras e de milhões de brasileiros nas ruas pedindo transparência na gestão pública e maiores investimentos em educação, transporte e saúde, não posso deixar de trazer um grande trabalho produzidos por alunos da PUC Campinas como conclusão de curso, abordando o futuro do estádio do Pacaembu, na capital paulista.

Após o Brasil vencer a disputa para sediar a Copa do Mundo de 2014, uma modernização do estádio foi proposta pelo Corinthians, ao custo de 250 milhões de reais, que passaria a ser dono do estádio por 30 anos e que sediaria os jogos da Copa na cidade.

Como mais um exemplo do jogo político ineficiente a proposta não foi aprovada.

Qual o resultado?

O Corinthians "investiu" com recursos públicos aproximadamente 1 bilhão de reais para construir sua arena e o estádio do Pacaembu não possui perspectivas de utilização para os próximos anos. (http://www.youtube.com/watch?v=9CfyiPKTOc4)

E quanto à gestão de grandes estádios como Mineirão e Maracanã? Não seria melhor serem repassados para os clubes gerenciarem? Uma entrada customizada com as cores do Cruzeiro de um lado e do Atlético do outro? Com museus, lojas, restaurantes e muitas outras formas de receitas aos clubes? Em contrapartida, os clubes deveriam investir em escolas de esportes as crianças e jovens, dentre outros projetos sociais possíveis.

Educação a distância entra em campo no Brasil

O número de brasileiros que estudam em cursos de ensino a distância está crescendo, a cada ano, no Brasil. Atualmente, as possibilidades são mais amplas e pode-se fazer um curso a distância praticamente nos mesmos moldes dos presenciais, com os estudantes assistindo, pela internet, às aulas de professores, com exibição de conteúdos audiovisuais.

Aula de marketing (Prof. Flávio Janones) transmitida para todo o Brasil na modalidade a distância.

Tanto a metodologia de ensino como a forma de avaliar a aprendizagem dos alunos e a atuação do corpo docente na educação a distância passaram por uma revolução, e isto está sendo percebido pelos estudantes, que cada vez mais acreditam e demandam essa modalidade de educação, assim como instituições de todos os segmentos que também ampliam seus investimentos neste mercado.

No exterior, aliás, há uma tendência de fim da fronteira entre educação a distância e presencial: cursos que antes eram exclusivamente presenciais já incluem uma parte realizada remotamente. E os programas de educação a distância muitas vezes abrangem atividades presenciais.

No Canadá, país pioneiro da massificação da EAD, seus 32 milhões de cidadãos têm à disposição 56 universidades, das quais 53 oferecem cursos a distância. No Brasil, o esporte também torna-se tema importante para cursos a distância. Uma grande oportunidade para universidades, clubes, atletas e gestores.

Um grande exemplo disso é a parceria entre a Universidade Estadual de Montes Claros (Unimontes) e Universidade Corporativa do Vôlei (UCV) da Confederação Brasileira de Voleibol (CBV). Juntas, elas oferecerão um curso de Pós-Graduação em Gestão de Marketing Esportivo. A especialização será a primeira do Brasil na modalidade de ensino a distância.

O curso é para profissionais do voleibol, como dirigentes de federações, gestores de clubes, ex-atletas e outros interessados. A partir da parceria com o Ministério do Esporte, serão preenchidas 100 vagas destinadas ao pessoal indicado pelas federações estaduais de voleibol. Também deverão ser abertas outras 50 vagas, que serão preenchidas pela própria CBV.

O Corinthians lançou o "Curso do Timão", uma plataforma de educação à distância que promete ensinar a centenária trajetória alvinegra.

São seis horas de aula, com imagens e textos divididos em módulos, como "ídolos" e "momentos inesquecíveis". Ao fim do curso, cujo material fica disponível por um mês, o aluno mostra seus conhecimentos sobre o time do povo em uma prova. E só ganha um certificado no momento em que atinge a nota sete.

O diploma é impresso pelo próprio aluno se ele escolhe o plano de R$ 19,90. Com mais R$ 10, o certificado é impresso em papel especial, assinado pelo presidente do Corinthians, Mário Gobbi, e enviado pelo correio.

Está claro para todos que não se constrói uma nação sem educação de qualidade, e isso deve ocorrer em todas as áreas. Estamos no caminho certo ao universalizar a educação, com investimentos constantes na educação a distância.

Ainda temos muito a crescer. Em breve, espero encontrar diversas opções de cursos, presenciais e a distância, para gestores de clubes, atletas e gestão de patrocínios e de marketing. Parcerias entre clubes e instituições de ensino também prometem alavancar as ofertas e a profissionalização do setor.

A disparidade entre a gestão do futebol nacional e europeu

Nos últimos dias, o torcedor brasileiro assistiu dezenas de grandes jogos envolvendo as principais equipes europeias, em torneios espalhados pela Europa, Ásia e Estados Unidos. Esta programação intensa deve-se à pré-temporada dos clubes europeus, que aproveitam o período para faturarem mais alguns milhões e principalmente para fortalecerem suas marcas nas mais diversas regiões do planeta, exceto o Brasil, infelizmente.

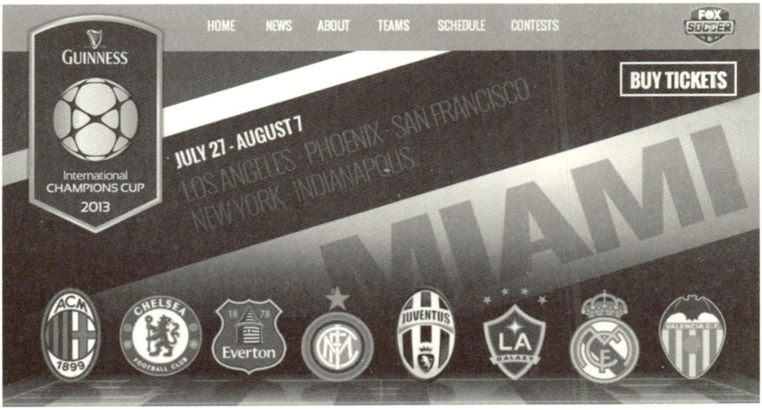

International Champions Cup
http://internationalchampionscup.com

Com exceção do São Paulo e do Santos que conseguiram autorização da Confederação Brasileira de Futebol para "fugirem" do campeonato nacional e realizarem jogos no exterior, as equipes nacionais passam esquecidas do primeiro mundo do futebol.

A falta de planejamento dos clubes, o calendário do futebol brasileiro e o pouco (ou nada) interesse das federações são algumas das causas deste ostracismo do futebol brasileiro no exterior. O calendário do futebol nacional dá choque com o europeu. Na Europa, o ápice do ano é a final da Liga dos Campeões, após a conquista o clube entra de férias. No Brasil, um clube conquista a Libertadores em um dia e entra em campo 3 dias depois para continuar o campeonato nacional.

Não é por acaso que já estamos acostumados a ver um clube na ponta de uma tabela e na rabeira de outra. O modelo adotado no país cria uma maratona de jogos, que prejudica a recuperação dos atletas e obriga os times a privilegiarem competições, já que há um cruzamento entre elas ao longo do ano.

Mesmo os dois clubes que conseguiram cruzar o Atlântico passaram por grandes fiascos dentro de campo, com a derrota de 8X0 do Santos para o Barcelona, e a derrota do São Paulo para o japonês Kashima Antlers, além de derrotas para Bayer e Milan e apenas uma vitória sobre o Benfica. Fruto da falta de planejamento, foco e organização dos gestores dos clubes. Ao invés de fortalecerem a imagem do futebol nacional o resultado foi terrível.

O Brasil foi apenas o 18º colocado em média de público em um ranking dos 20 maiores campeonatos nacionais do mundo divulgado no início deste ano pela Pluri Consultoria. Ficou atrás, por exemplo, da Major League Soccer (a liga americana de futebol), do Campeonato Chinês e da Segunda Divisão da Inglaterra.

Comparado à Alemanha, que ocupa o primeiro lugar (com média de 42.646 torcedores por jogo na Bundesliga), o "país do futebol" perde de goleada, com média de público de apenas 13.704 por partida, no Brasileirão, e apenas com três clubes com média acima dos 20 mil torcedores, Corinthians, Flamengo e Grêmio.

O desempenho financeiro dos clubes brasileiros também é tímido na comparação com os europeus. Um levantamento da consultoria Deloitte apontou, no início do ano, que o Corinthians é o primeiro time do país a aparecer na lista dos mais ricos do mundo (em 31º lugar) – atrás de clubes de menor expressão na Europa, como o Sunderland, da Inglaterra.

A Copa do Mundo de 2014 e o crescimento da economia brasileira eram apontados com a grande oportunidade para a reforma e modernização de estádios e a busca por uma organização mais estável e eficiente para gerir os clubes. No entanto, os números da atual temporada indicam que, apesar de avanços, os dirigentes do país ainda têm muito a fazer para, de fato, reconquistar a confiança dos torcedores.

A força dos mascotes dos clubes

Sabe-se que o desenho é um dos meios de comunicação mais antigos. Desde à pré-história, os homens se comunicam por meio de desenhos. Os sentimentos, acontecimentos, emoções e vontades dos homens da pré-história eram ilustrados nas paredes das cavernas. Neste cenário, os mascotes tornam-se um recurso criativo capaz de atrair a atenção de todas as faixas etárias de torcedores.

O objetivo do mascote é personificar, dar um rosto à imagem do clube e, se possível, ao seu principal benefício/característica. Fundamental na exploração do mascote é a associação entre ele e a marca do clube. A associação deve ser imediata.

Os mascotes dos clubes brasileiros tem por origem domínios extremamente diversos. Saem das origens dos clubes, de jornalistas, cronistas e chargistas, dos desenhos animados, do universo dos desenhos em quadrinhos ou mesmo de associações negativas e/ou pejorativas dos torcedores rivais.

Em relação aos clubes mineiros, destaca-se a origem dos mascotes, todos criados pelo jornalista e chargista Fernando Pierucetti, mais conhecido como Mangabeira.

Para o **América Mineiro**, Mangabeira, escolheu o Coelho, que representava à esperteza que o time apresentava em campo na época. Mangabeira também falava que o coelho é um bicho que dorme de olho aberto, assim como alguns dirigentes que o clube tinha e que mudaram a história do time.

O Coelhão em ação nos jogos do América Mineiro

Para o **Atlético Mineiro**, o chargista desenhou o Galo. Segundo contam, devido a um Galo carijó imbatível nas rinhas de Galo de Belo Horizonte. Mangabeira fez a charge que o popularizou.

Em 1945, o chargista Mangabeira, a pedido do Editor do Jornal Folha de Minas, recebeu a incumbência de desenhar o mascote do Clube Atlético Mineiro. Preocupado em criar um mascote que se identificasse com as características da torcida e do time, ele desenhou o Galo forte e vingador, que simbolizava a bravura com que a equipe jogava. Na década de 60, a Massa Atleticana adotou o grito de "Galo!", popularizando de vez o mascote.

Coube ao Atlético ser, também, o primeiro clube a criar a fantasia de mascote. Em 1976, foi lançado o primeiro "Galo", que acompanhava as crianças e os jogadores na entrada em campo.

Em 2005, o mascote reapareceu com uma nova roupagem, em formato de um super-herói, e foi batizado pela torcida como "Galo Doido".

A Charge do primeiro Galo, o mascote no Mineirão, nos anos 80, e o Galo Doido.

Já a Raposa, mascote do **Cruzeiro**, também surgiu em 1945. Mangabeira se inspirou num presidente do Cruzeiro, chamado Mario Grosso, que segundo ele, parecia uma raposa ao agir em sua gestão, já que era hábil, inteligente e não deixava ninguém lhe passar para trás. Foi um dos grandes presidentes da história do clube.

Raposão e Raposinha são pioneiros na interação com a torcida, no futebol e no vôlei.

Por fim, destaca-se que os Mascotes são recursos criativos e capazes de atrair a atenção de todas as faixas etárias. Pode ser utilizado nas campanhas de sócio-torcedor, campanhas de vacinação, festas de aniversário e institucionais, educação no trânsito, campanhas de lançamento de produtos e onde mais se desejar. São estratégias que podem ser fortalecidas ainda mais para agregarem força às marcas dos clubes e envolvimento com seus públicos.

ESPM monta laboratório inédito com o Corinthians

O Corinthians e a Escola Superior de Propaganda e Marketing (ESPM) fecharam uma parceria técnica para que alunos da instituição de ensino possam trabalhar dentro do clube. O acordo, inédito no esporte brasileiro, tem como objetivo fazer com que alunos de diferentes cursos da ESPM tenham oportunidade de trabalhar no Corinthians.

As instituições irão desenvolver o Laboratório Avançado ESPM/Corinthians, que tem o objetivo de desenvolver o programa de formação de profisionais ligados à área do marketing esportivo.

Trezentos alunos de todos os cursos da Escola, do 3º ao 6º período, participarão de eliminatórias realizadas na ESPM entre os dias 9 e 11 de setembro, que contarão com a presença de nomes do jornalismo e do marketing esportivo brasileiros, como Juca Kfouri e Washington Olivetto.

Ao final do programa, cinco graduandos da ESPM serão escolhidos para estagiar no departamento de marketing do Corinthians durante seis meses e que, ao final do semester, poderão ser efetivados como funcionários do clube.

Essa cooperação, que é comum em diversos segmentos de mercado, faz com que pela primeira vez o esporte no Brasil apareça como uma possível empregadora de mão-de-obra. A parceria com a ESPM, aliás, foi costurada pelo ex-diretor de marketing corintiano Ivan Marques, que é sócio da agência de publicidade F/Nazca.

A parceria é um sinal e um incentivo para que clubes e gestores busquem uma profissionalização no marketing esportivo brasileiro. No momento em que o esporte começar a ter profissionais na gestão, diminuirá a interferência da política na tomada de decisão dentro das instituições. E, com um cenário mais seguro, os investimentos passarão a ser feitos de forma mais consistente pelas empresas dentro do esporte.

Em Minas Gerais, o Centro Universário Una foi pioneiro em desenvolver em parceria com a Prefeitura de Belo Horizonte (em 2012) o **Laboratório Una 2014**, que proporcionou aos alunos da instituição atuarem nos projetos relacionados aos grandes eventos esportivos com atividades realizadas em Belo Horizonte.

Os alunos selecionados para o estágio desenvolveram ações práticas nas áreas de comunicação e marketing, além de participarem de atividades de atendimento ao turista, projetos sociais e ambientais, sempre com orientação de professores.

As corridas de rua são a bola da vez do mercado esportivo

Basta uma volta na Lagoa da Pampulha ou nas áreas verdes por todos os cantos do país para observarmos milhares de pessoas buscando melhores condições de saúde através da corrida. A corrida de rua é o esporte que mais cresce no país: já são mais de 4 milhões de praticantes, compondo um mercado dos mais promissores economicamente, que apresenta desenvolvimento de 30% ao ano e cria oportunidades de relacionamento direto entre a marca e o cliente.

Apontada pelo mercado como a "bola da vez" no esporte, a corrida de rua tem tudo para querer, finalmente, ser uma parte importante da indústria do esporte no Brasil. Fenômeno nas principais capitais, ultimamente a corrida tem começado a entrar no calendário também de cidades do interior e nos projetos prioritários de diversas empresas.

Embora os investimentos por parte dos atletas sejam pequenos, as corridas de rua viraram um negócio estimado em mais de R$ 3 bilhões ao ano – somando-se aí a venda de material esportivo, as cotas de patrocínio e o surgimento de empresas organizadoras de competições.

Ainda temos muito para correr. Nos EUA, pelo menos 25 milhões de pessoas praticam corrida por 50 dias ou mais no ano. O corredor regular, com mais de 100 dias de prática anual, chega a 19 milhões (cerca de 6% da população do país). Os dados são da Sporting Goods Manufacturers Association (SGMA), entidade que mapeia não apenas o número de praticantes, mas também o hábito de consumo em diversas modalidades esportivas.

Quem disputa uma prova de rua já percebeu que os trajetos das competições viraram verdadeiros outdoors, a serviço de marcas dos mais variados setores. De drogarias a redes de supermercados, montadoras, empresas de tecnologia e até indústrias petroquímicas. Isso sem contar as fabricantes de material esportivo, que criaram suas próprias competições, como o circuito das estações, patrocinado pela Adidas.

Os fabricantes de material esportivo estimam que o mercado de corridas cresça entre 20% e 30% ao ano. As perspectivas são animadoras. Atualmente, são vendidos aproximadamente 25 milhões de calçados esportivos por ano no País. Apenas 1,5 milhão são tênis próprios para corridas.

Patrocínio esportivo movimenta R$ 3 bilhões no Brasil

Futebol abocanha boa parcela dos valores e IBOPE promete monitoramento.

O investimento em patrocínio esportivo no Brasil gira em torno de R$ 3 bilhões por ano e está crescendo a uma taxa de quase 10% ao ano, segundo pesquisa realizada pela Portas Consulting e Sportpar, que ouviram executivos de 27 empresas que atuam no segmento esportivo.

De acordo com os resultados, o patrocínio esportivo é considerado uma ferramenta de marketing muito relevante, pois os brasileiros adoram esportes e têm opinião muito positiva sobre marcas que investem nesta área. Essa boa imagem, inclusive, pode render negócios: mais da metade da população considera mais provável comprar um produto de uma marca que investe no esporte. Na Europa, um a cada cinco habitantes tem esse comportamento.

Por outro lado, a pesquisa destaca que para os anunciantes, a avaliação de retorno sobre investimentos em esporte é o maior desafio. Nenhum patrocinador entrevistado está satisfeito com sua capacidade de avaliar retorno, e a grande maioria relata não possuir nenhuma ferramenta analítica para mensurar os aportes. Uma área que requer atenção de patrocinadores, patrocinados e agências.

Aproveitando esta grande oportunidade, o Ibope Repucom, joint venture formada pelo Ibope e Repucom, empresa do Grupo RSMG Insights informou que irá oferecer, em breve, métricas para orientar decisões de marketing esportivo.

Em 2014, o Ibope Repucom promete lançar um portfólio de produtos que reunirá soluções para o monitoramento de ações em eventos esportivos, planejamento de anunciantes esportivos em mídia, estudos analíticos sobre comportamento e consumo esportivo, além de outros indicadores de performance que permitirão mensurar o retorno de campanhas e ações.

Outro desafio apontado pela pesquisa da Portas Consulting e Sportpar é ampliar os objetivos estratégicos do patrocínio, migrando de um conceito de pura exposição da marca para uma situação onde o patrocínio possa gerar laços emocionais entre marca e consumidor.

Além disso, ainda há poucas empresas que se beneficiam do patrocínio para promover objetivos como engajamento de colaboradores e relações com stakeholders.

A pesquisa também elencou os esportes mais patrocinados no Brasil, e dessa vez, ao menos em relação à primeira colocação, não há surpresas. O futebol ocupa o primeiro lugar, sendo patrocinado por 74% das empresas participantes. É acompanhado de longe pela corrida de rua, esportes motorizados, tênis e

MMA. A pesquisa curiosamente não traz o vôlei como um dos principais esportes a ser destino de todo o investimento, mas há uma razão clara: os patrocinadores são poucos e não estão situados entre as empresas com maior poderio financeiro do país.

O PRIMEIRO JOGADOR BRASILEIRO CRAQUE NO MARKETING

Leônidas da Silva, que completaria cem anos de vida este ano, não foi só o principal jogador do país na era pré-Pelé como foi pioneiro nas ações de marketing no futebol brasileiro.

Dentre os feitos do craque, ele destaca-se como o primeiro brasileiro artilheiro de uma Copa do Mundo (1938) e pelos belos gols de bicicleta.

Atualmente é fácil imaginarmos a associação de atletas nas mais diversas ações de marketing, mas em 1938 Leônidas foi o primeiro no país. O lançamento do chocolate Diamante Negro, na esteira dos sete gols que levaram a seleção à primeira boa campanha em Copas (terceiro lugar em 1938), abriu as portas para que o atacante lucrasse também com sua imagem.

Levantamento da Folha de SP destaca que para ceder de forma definitiva o apelido pelo qual era conhecido à Lacta, Leônidas recebeu 2 contos de réis (menos de R$ 2.000 atuais). Quase nada: 0,005% dos cerca de R$ 38 milhões que Neymar ganhou na temporada 2012/13 só de patrocinadores.

Até então, fazia propaganda de graça, ou em troca de goiabada, para as empresas dos amigos, como conta o biógrafo André Ribeiro. Foi o jornalista José Maria Scassa quem o convenceu de que poderia ganhar dinheiro com publicidade.

"Ele foi o primeiro jogador a ter um assessor de imprensa ou gestor de imagem", afirma Ribeiro. O encontro com Scassa rendeu. A partir daí, Lêonidas faturou como marca de relógio. E, acredite, foi nome até de cigarro. Leônidas inspirou a linha atual de uniformes retrô do São Paulo e, anos atrás, cedeu nome para um modelo de bicicletas do clube.

O atacante deixou o futebol aos 37 anos, após jogar por Flamengo, Botafogo e São Paulo e de jogar duas Copas do Mundo. Aposentado, foi técnico do São Paulo e funcionário público. Também de forma pioneira entre os ex-jogadores, tornou-se comentarista de futebol, primeiro no rádio, depois na televisão.

Só deixou a carreira na década de 1970, em decorrência do mal de Alzheimer. Morreu em 2004, com 90 anos.

O Marketing pode salvar o futebol feminino no Brasil?

O futebol feminino voltará a ter um Campeonato Brasileiro depois de 12 anos. Vinte clubes de 13 estados e do Distrito Federal começam a disputa com a perspectiva de que a competição permaneça no calendário e seja até mesmo ampliada diante do patrocínio de R$ 10 milhões concedido pela Caixa Econômica Federal. O banco estatal vai expor a marca nas camisas de todos os times – o contrato é apenas para esta edição. Não há clubes de Minas Gerais na competição.

Segundo o ministro do Esporte, Aldo Rebelo, não há garantia de que o patrocínio seja mantido nas próximas edições, o apoio da Caixa dá base para que outros campeonatos sejam realizadas com o apoio de outros patrocinadores. "Ter esse patrocínio é um grande avanço. Um estímulo para que o futebol feminino se desenvolva no Brasil, e tenha um calendário definido, com competições fortes", afirmou.

O Campeonato Brasileiro de futebol feminino foi dividido em quatro grupos, de acordo com um ranking feito com base nas últimas edições da Copa do Brasil. Na primeira fase, são somente jogos de ida. Os dois primeiros colocados de cada grupo se classificam. Em jogos de ida e volta, as oito equipes se enfrentarão. Os quatro que somarem mais pontos se credenciam para a fase final, que será em jogos de mata-mata. A competição terminará no início de dezembro, e os jogos são realizados à tarde, 15h.

O patrocínio garante o custeio das despesas de transporte e hospedagem dos clubes. As viagens acima de 500 quilômetros de distância são feitas de avião. Deslocamentos menores são feitos de ônibus leito.

Foi destacado ainda por Aldo Rebelo, que a "luta agora é colocar o futebol feminino de volta nos Jogos Universitários e nos Jogos Escolares". Ele informou também que o Brasil pode vir a se candidatar a sede da Copa do Mundo de Futebol Feminino a ser disputada em 2019.

Outra boa notícia foi a confirmação da realização da Copa Libertadores da América de Futebol Feminino. Os campeões de cada país garantem a vaga nessa edição, que conta com recursos do Ministério do Esporte no valor de R$ 600 mil.

Apesar das boas notícias ainda estamos muito distantes da profissionalização do futebol feminino no país. Abaixo destaco algumas sugestões para o fortalecimento da categoria:

– Incentivos para a participação dos grandes clubes da série A;

– Desenvolvimento de uma liga profissional;

– Rodadas duplas com a campeonato brasileiro masculino para divulgação da modalidade;

– Incentivo de parcerias entre universidades e clubes, fortalecendo o esporte universitário. Poderíamos ter grandes parcerias como PUC/Cruzeiro, Una/Atlético, Uni/América...

– Calendário no modelo norte-americano possibilitando a disputa de amistosos e torneios internacionais.

– Jogos amistosos da seleção brasileira de futebol feminino nas principais cidades brasileiras;

– Campanhas de marketing com as principais atletas;

– Ações de merchandising com clubes e atletas;

– Transmissão dos jogos em canais de TV aberta.

Com ações fortes e constantes de marketing o campeonato ganhará visibilidade e receitas, atraindo cada vez mais torcedores, patrocinadores e atenção. A MLS, campeonato de futebol dos Estados Unidos, é um espelho para o fortalecimento do futebol feminino no Brasil.

Marketing e bullying decretam o fim dos os apelidos no futebol brasileiro

Brasileiro adora colocar apelido em todo mundo. No futebol, então, nem se fale. É muito comum os apelidos ou diminutivos. Quem não viu ou torceu por um grande craque como Didi, Pelé, Zico, Jairzinho ou Robinho?

Na linha tradicional dos apelidos destaca-se o atacante do Santa Cruz, Flávio Caça Rato, apelido que carrega desde aos doze anos anos. O atacante revelou em entrevista para a Rádio ESPN que "Ficava na beira do campo, com medo de jogar com os meninos mais velhos e eu ficava caçando ratos. Aí o treinador até hoje me chama de Caça Rato. Aí pegou", contou o atacante da equipe pernambucana.

Caça Rato (foto) também contou que no começo de sua carreira tanto a mãe quanto a esposa não gostavam muito do apelido. E que, na sua chegada ao Santa Cruz, o técnico e o presidente tentaram convencê-lo a abdicar do nome. "No começo, o treinador não queria que me chamassem assim. Mas não teve jeito. Eu fiz um gol e a própria torcida começou a gritar 'Ah, é caça rato'. O presidente me chamou e queria mudar. Daí eu falei 'Pô, presidente. Também queria mudar, mas já pegou, a torcida mesmo me chama, todos os roupeiros me chamam'. Aí ficou, naturalmente", destacou o atacante.

Porém, um estudo realizado pelo jornal Folha de SP com 627 atletas dos 20 clubes da primeira divisão destaca que 117 deles (18,6%) adotam nome e sobrenome. É o mesmo número de jogadores conhecidos por apelidos, diminutivos, aumentativos ou reduções de nomes.

O futebol brasileiro está substituindo os apelidos que fizeram sua história pela nomenclatura à europeia: nome e sobrenome.

Diego Cavalieri, Marcos Rocha, João Schmidt. Não há um clube da Série A que não tenha pelo menos três jogadores conhecidos assim.

Há 20 anos, no Brasileiro de 1993, os Mazinho, Müller, Catê e Roberto Cavalo representavam 27,8% do total. E os atletas que utilizavam nome e sobrenome, só 7,8%.

Em duas décadas, ser conhecido pelo sobrenome deixou de ser *cool* e ficou fora de moda. Por outro lado, a nomenclatura europeia virou *in*.

Foi pensando nisso que o Inter, ainda na década passada, passou a recomendar que jogadores com sobrenomes que os identificassem como descendentes de europeus passassem a utilizá-los. Era uma estratégia para facilitar a venda de meninos com passaporte da União Europeia.

A prática caiu em desuso no time gaúcho, mas clubes de futebol ainda tentam controlar como seus jogadores devem ser conhecidos. O Flamengo foi um dos últimos clubes a criar sua cartilha com as mesmas orientações.

Há três anos, o São Paulo fez festa quando Marcelinho passou a ser chamado de Lucas, hoje no PSG, seu nome de batismo. Em 2013, tentou, em vão, fazer com que Mateus, lateral recém-contratado do Mogi Mirim, deixasse o apelido de Caramelo.

A cruzada anti-apelidos realizada, há anos em suas categorias de base, transformou as crias de Cotia no melhor exemplo da nova geração brasileira de jogadores. Uma safra com Rodrigo Caio, João Schmidt e Lucas Farias.

O narrador da TV Globo Galvão Bueno reclamou durante uma transmissão de um jogo da seleção brasileira do excesso de nomes compostos na equipe. A defesa, por exemplo, foi formada por Daniel Alves, David Luiz, Thiago Silva e Leandro Castán, além do goleiro Diego Alves – no segundo tempo, entrou o lateral esquerdo Fábio Santos.

No decorrer do amistoso, o narrador começou a chamar os atletas apenas pelo nome ou sobrenome, para não ficar parecendo "dupla sertaneja". Ele também recordou os tempos em que os jogadores brasileiros usavam quase que exclusivamente apelidos. "Os nomes estão muito grandes, atrapalha o narrador, cansa a voz. Vou começar a falar só Thiago (Neves), David (Luiz), Daniel (Alves), senão fica todo mundo com nome de cantor sertanejo", disse Galvão, que completou: "Bom era o tempo em que tinha Pelé, Pepe, Zico, Vavá... Era muito mais fácil para os narradores".

Já a doutora em letras Ana Poltronieri, da Uerj (Universidade Estadual do Rio de Janeiro), em entrevista para a FOLHA aposta no fim dos apelidos. "O politicamente correto só vai aumentar na nossa sociedade. Se você analisar o próprio sistema educacional infantil, vai perceber que as escolas estão combatendo os apelidos, porque eles podem gerar bullying ou constrangimento", complementou.

O MERCADO BILIONÁRIO DO LICENCIMENTO ESPORTIVO

A utilização das marcas dos clubes brasileiros de futebol, dos seus mascostes e de imagens de atletas e símbolos para estampar produtos como mochilas, materiais escolares, bolsas, entre outros tantos fabricados sob licença cresce a cada ano.

Trata-se de um mercado que cresce acima da média e que atrai a cada dia novas empresas dispostas a usar uma marca ou personagem conhecido para alavancar as vendas e conseguir maior apelo junto ao público. Exemplo é a expectativa do Comitê Organizador dos Jogos Olímpicos e Paraolímpicos de 2016 é de que a venda de produtos licenciados ligados ao evento movimente R$ 1 bilhão no varejo brasileiro.

O objetivo do Rio 2016 é contar com 60 empresas licenciadas, desenvolver 12.000 produtos e ter 6.000 postos de venda, sendo 80% destes no Rio de Janeiro.

A expectativa é que o auge de vendas dos produtos aconteça durante os Jogos. Para isso, entre 2014 e 2016, serão abertas mais de 150 lojas oficiais espalhadas por locais como aeroportos, quiosques em shoppings, hotéis, Vila Olímpica e Paralímpica e todas as instalações para as competições. Ainda está prevista uma megaloja na praia de Copacabana.

Engana-se quem acredita que ao firmar um contrato terá o direito de uso de uma marca ou personagem para sempre. Os contratos de licenciamento variam entre um e três anos. Cabe à empresa licenciada fazer uma estimativa de produção ao longo desse período. A partir do volume estimado serão calculados os royalties, cujo percentual varia de 4% a 12% sobre o valor total das vendas.

A prestação de conta pode ser mensal ou trimestral. Mas normalmente paga-se um adiantamento em torno de 20% sobre o valor total dos royalties previstos.

Outro bom exemplo recente no mercado de licenciamento refere-se a parceria do Corinthians com 20th Century Fox para a utilização da imagem dos personagens da série animada "Os Simpsons" em produtos licenciados do clube.

Assim, o clube brasileiro se tornou o quinto no mundo a assinar um contrato com a Fox, que já havia fechado com Barcelona (Espanha), Boca Juniors (Argentina), Chelsea (Inglaterra) e Zenit (Rússia). No entanto, o Corinthians será o primeiro a licenciar produtos com a imagem de Homer, Marge, Bart, Lisa e Meg.

Quem possui o torcedor mais fanático? Cruzeiro ou Atlético? E o marketing com isso?

Segundo uma pesquisa conduzida pela Pluri Consultoria, o Atlético-MG ficou na terceira colocação em fanatismo entre os torcedores brasileiros, atrás apenas da dupla gaúcha, Grêmio e Internacional. Já a torcida do Cruzeiro aparece apenas na décima terceira colocação.

Para chegar ao número, a empresa ouviu 10.545 pessoas de 144 cidades de todas as regiões do País, e só permitiu que cada participante assinalasse um clube de preferência. O entrevistado, então, teve que se classificar dentro de uma das quatro opções: fanático, torcedor, simpatizante ou indiferente.

Segundo os dados colhidos pela consultoria, um total de 22,5% dos torcedores do Grêmio se identificam como fanáticos pelo clube. O Inter, segundo colocado em fanatismo, tem 19,4%.

Dentro dessas condições, o levantamento apontou que 17,2% da torcida do Galo é fanática, enquanto outros 55% são torcedores. Outros 15% afirmaram ser apenas simpatizantes, enquanto 12% se classificaram como indiferentes. Diante disso, 72% dos atleticanos são engajados (fanáticos + torcedores), enquanto outros 28% são descomprometidos (simpatizantes + indiferentes).

O Cruzeiro, por sua vez, tem 10,5% de fanáticos, enquanto outros 49% são torcedores. Dos cruzeirenses entrevistados, 27% afirmaram ser simpatizantes, enquanto 13% se classificaram como indiferentes. Do total, 60% dos fãs celestes são engajados e outros 40% são descomprometidos. No entanto, curiosamente, a Raposa conta com mais simpatizantes (27%) e indiferentes (13%) do que fanáticos (10,5%), de acordo com a pesquisa.

O Corinthians, segunda maior torcida do país, é o sétimo, atrás de Coritiba e Atlético-PR, enquanto o Flamengo é o nono, atrás também do Sport. Porém, em números absolutos, o Flamengo lidera, com cerca de 30,3 milhões de torcedores, dos quais 3,9 milhões de fanáticos, número que por si só garantiria o clube como a 11ª maior torcida do País, e equivale a 13% dos torcedores rubro-negros, aponta a consultoria. Em seguida, aparece o Corinthians, com 3,7 milhões de fanáticos.

Rank	Clube	Distribuição da Torcida de acordo com o seu nível de engajamento			
		Fanáticos	Torcedores	Simpatizantes	Indiferentes
1	Grêmio	22,5%	57%	13%	7,6%
2	Internacional	19,4%	56%	16%	8,2%
3	Atlético-MG	17,2%	55%	15%	12%
4	Santa Cruz	16,3%	50%	18%	15%
5	Atlético - Pr	15,7%	55%	18%	11%
6	Coritiba	14,7%	55%	19%	11%
7	Corinthians	14,2%	55%	15%	15%
8	Sport	13,1%	48%	20%	19%
9	Flamengo	12,7%	50%	18%	19%
10	Palmeiras	12,1%	55%	22%	11%
11	Vasco	11,4%	56%	14%	18%
12	Bahia	11,0%	48%	26%	14%
13	Cruzeiro	10,5%	49%	27%	13%
14	Vitória	9,4%	50%	26%	15%
15	São Paulo	9,1%	52%	16%	23%
16	Botafogo	7,8%	54%	19%	19%
17	Santos	7,5%	55%	15%	22%
18	Fluminense	7,2%	52%	17%	23%
-	Outros	8,1%	53%	12%	27%
	Média	12,3%	53%	17%	17%

Grau de envolvimento da torcida com o time / Crédito: Pluri Consultoria

Considerando o total dos torcedores brasileiros, 12% se definem como fanáticos, enquanto mais da metade (53%) se enxergam como torcedores. Por outro lado, 17% se classificam como simpatizantes e 18% como indiferentes. Ou seja, 65% do total podem ser considerados engajados, enquanto 35% se enquadram como descomprometidos.

Top of Mind do esporte

Conheça as marcas mais lembradas quando o assunto é Copa do Mundo e Olimpíadas

Omo, Coca-Cola, Nestlé, Nike e Samsung são as marcas a dividir pela primeira vez o prêmio Folha Top of Mind 2013. Para apontar os vencedores do levantamento anual, o Datafolha entrevistou 5 mil pessoas, em 160 municípios, perguntando aos consumidores "Qual a primeira marca que lhe vem à cabeça?". Além da categoria principal, diversas outras marcas foram contempladas nas 54 categorias da edição 2013.

Agora, quando o assunto é esporte, desde que as categorias Copa do Mundo e Olimpíada foram incluídas na pesquisa Folha Top of Mind, no ano passado, a Nike é a mais lembrada pelos entrevistados em ambas. No quesito Olimpíada, divide a primeira posição com Olympikus.

Nike foi citada por 14% dos entrevistados quando o assunto é Copa. A Nike venceu com uma boa margem de diferença, no atual levantamento a marca precisou usar do *awareness* (total das marcas mencionadas) como critério de desempate para consolidar a liderança. Coca-Cola, segunda marca mais lembrada, cresceu cinco pontos em relação à pesquisa anterior (de 6% para 11%), o que configura empate técnico com Nike devido à margem de erro, porém no total das respostas a Nike abre seis pontos de vantagem (21% contra 15% de Coca-Cola).

Outras marcas lembradas foram: Adidas (8%), Brasil, Antarctica, Brahma, Fifa (3%, cada), Olympikus, Penalti e Itaú (2%, cada) entre outras. A taxa dos que não souberam citar nenhuma marca quando se fala em Copa do Mundo passou de 39% para 34%.

Nike obtém seus melhores resultados entre os que têm de 25 a 34 anos (19%), entre os que pertencem às classes A/B (20%), entre os mais escolarizados (21%) e entre os mais ricos (22%), destacando-se também nas regiões metropolitanas (18%).

TOP OF MIND - COPA DO MUNDO DE FUTEBOL
(Em %)

MARCAS	ago/12	ago/13
Nike	13	14
Coca-Cola	6	11
Adidas	6	8
Brasil	4	3
Antarctica	3	3
Fifa	3	3
Brahma	2	3
Olympikus	3	2
Penalti	2	2
Itaú	1	2
Banco do Brasil	2	1
Skol		1
Gillette		1
Topper	1	1
OUTRAS MARCAS	8	11
NÃO SABE/NÃO LEMBRA	39	34
TOTAL EM %	100	100
TOTAL EM Nº ABSOLUTOS	2651	2584

Base : Total da amostra
Fonte : Qual a primeira marca que lhe vem à cabeça, quando se fala em Copa do Mundo

A três anos dos Jogos do Rio, Olympikus e Nike dividem o pódio na categoria Olimpíada, com 15% e 14% das menções, respectivamente.

A Olympikus oscilou positivamente três pontos, enquanto que a Nike cresceu além da margem de erro da pesquisa, cinco pontos percentuais. Mesmo considerando o *awareness* como critério de desempate, não é possível apontar apenas uma marca vencedora, neste caso Olimpikus atinge índice de 23% e Nike 25%.

TOP OF MIND - OLIMPÍADAS
(Em %)

MARCAS	ago/12	ago/13
Olympikus	**12**	**15**
Nike	**9**	**14**
Adidas	6	10
Coca-cola	2	4
Banco do Brasil	3	2
CEF/ Caixa Econômica Federal/ Caixa	3	1
Penalti	1	1
Itaú	-	1
Fifa	-	1
Petrobrás	1	1
Brasil	1	1
Antarctica	-	1
Topper	1	1
Citou modalidades		2
OUTRAS MARCAS	10	8
NÃO SABE/NÃO LEMBRA	43	37
TOTAL EM %	100	100
TOTAL EM Nº ABSOLUTOS	2642	2561

Base : Total da amostra
Fonte : Qual a primeira marca que lhe vem à cabeça, quando se fala em olimpíadas ?

Entre outras marcas também foram lembradas Adidas (10%), Coca-Cola (4%) e Banco do Brasil (2%), as demais ficaram com índices que não passam de 1%, cada.

A taxa dos que não se lembram de nenhuma marca quando se fala em olimpíadas passou de 43% no ano passado para 37%. Olympikus é mais lembrada entre os que têm de 25 a 34 anos (22%), e entre os que têm ensino médio (20%); já Nike se destaca entre os mais jovens, e entre os mais escolarizados (20%, cada), entre os mais ricos (27%) e entre os pertencem às classes A/B (21%).

Cervejaria argentina defende o patriotismo no futebol

Constamente temos discussões sobre a internacionalização do futebol. Ao ligarmos a TV, temos acesso aos campeonatos dos mais diversos lugares do pleneta. Cada vez mais, vemos mais camisas de clubes europeus no nosso dia a dia, muito em virtude dos bons planejamentos de marketing e exposição de marca destes clubes e dos seus patrocinadores.

Na contramão deste cenário, a cervejaria Quilmes desenvolveu uma bela campanha direcionado ao público argentino.

A cervejaria pede que os *hinchas* voltem a colocar camisas de clubes do país, como River, Boca, Banfield, Estudiantes, e, claro, a da seleção, representada pela 10 de Messi.

Uma boa inspiração para os clubes brasileiros e principalmente mineiros, que perdem cada vez mais espaço para os clubes do eixo Rio-São Paulo e para os grandes clubes mundiais.

Confira o vídeo da campanha.

http://www.youtube.com/watch?v=jA9bKpjHk3Y

Minha terceira camisa

Clubes investem em modelos diferenciados para chamar atenção dos torcedores e aumentar receitas

A grande maioria dos clubes brasileiros já investem no lançamento da terceira camisa nas coleções anuais de novos uniformes dos clubes, excessão quase única da dupla mineira, Cruzeiro e Atlético, que apesar das diversas conquistas dentro de campo ainda são reféns de contratos com fornecedores de materiais esportivos que não conseguem atender a grandiosidade dos clubes e das suas torcidas.

Constantemente, ao ligarmos a TV, nos deparamos com novidades, como o Corinthians de azul, o Palmeiras de amarelo e o Botafogo de dourado. Aos poucos, o torcedor brasileiro está se acostumando a ver seu time com cores nada habituais. A inspiração vem da Europa, onde clubes como Barcelona e Real Madrid têm opções de uniformes alternativos. Impulsionar o consumo é o principal motivo de tanta ousadia dos departamentos de marketing de cada clube.

O Corinthians, um dos mais inovadores já jogou de roxo, com a foto dos seus torcedores na camisa; grená e este ano joga de azul para relembrar a data que o clube representou a seleção brasileira.

A inovação não depende do tamanho do clube ou de sua torcida. O Madureira, time do Rio de Janeiro, que disputa a Série C do Campeonato Brasileiro, arregimentou fãs e festeja o sucesso comercial com a sua nova camisa que estampa o rosto do revolucionário argentino Che Guevara.

O clube colocou o famoso retrato de Che na camisa para comemorar uma excursão feita pelo clube a Cuba 50 anos atrás, em 1963, quando a chamada Revolução Cubana, que levou Fidel Castro ao poder, tinha apenas quatro anos.

A camisa do goleiro, além de trazer a imagem de Che, reproduz as listras e as cores da bandeira cubana.

Os uniformes não são usados em jogos oficiais, mas alcançaram enorme sucesso entre os fãs. As vendas passaram de mais ou menos 10 peças por mês para mais de 3.000 por semana desde que a camisa foi lançada na metade de outubro. O balanço foi divulgado pelo clube após três semanas de venda.

O clube jogou cinco amistosos na ilha em 1963. Che se encontrou com os jogadores no hotel em que o Madureira estava hospedado em Havana, local do último jogo da excursão invicta. O revolucionário posou para fotos com os atletas.

O PIB das torcidas brasileiras

Estudo desenvolvido pela Pluri Consultoria, tomando por base a pesquisa sobre tamanho de torcidas de 2012, com atualização dos dados de renda e demografia pelo PNAD 2012 – Pesquisa Nacional por Amostragem de Domicílios – preparado pelo IBGE, destaca que as 12 maiores torcidas brasileiras têm um rendimento mensal total de R$ 124,2 bilhões, equivalente a 87% da massa total de receita dos torcedores.

No estudo de 2013, a rede dos torcedores do Flamengo ultrapassou a dos torcedores do Corinthians, principalmente em virtude do crescimento da renda dos estados mais pobres brasileiros onde a torcida rubro-negra é maior.

Segundo a Pluri, a diferença entre os times é de de 4 milhões de torcedores em 2012 (base do trabalho), e mesmo com a estratificação sócioeconômica muito parecida entre as duas torcidas, a maior concentração de corintianos em estados com maior renda média fez com que o Corinthians ficasse na ponta no estudo de 2012.

Na atual edição da pesquisa, o Flamengo possui R$ 26,3 bilhões contra R$ 25,9 dos torcedores do Corinthians. Na sequência, São Paulo com R$ R$ 16,5 bilhões, Palmeiras com R$ 12,1 bilhões e Vasco da Gama com R$ 7,9 bilhões fecham o grupo das cinco maiores torcidas, com uma participação de 62% do total.

Rank	Clube	Distribuição da Torcida de acordo com o seu nível de engajamento			
		Fanáticos	Torcedores	Simpatizantes	Indiferentes
1	Grêmio	22,5%	57%	13%	7,6%
2	Internacional	19,4%	56%	16%	8,2%
3	Atlético-MG	17,2%	55%	15%	12%
4	Santa Cruz	16,3%	50%	18%	15%
5	Atlético - Pr	15,7%	55%	18%	11%
6	Coritiba	14,7%	55%	19%	11%
7	Corinthians	14,2%	55%	15%	15%
8	Sport	13,1%	48%	20%	19%
9	Flamengo	12,7%	50%	18%	19%
10	Palmeiras	12,1%	55%	22%	11%
11	Vasco	11,4%	56%	14%	18%
12	Bahia	11,0%	48%	26%	14%
13	Cruzeiro	10,5%	49%	27%	13%
14	Vitória	9,4%	50%	26%	15%
15	São Paulo	9,1%	52%	16%	23%
16	Botafogo	7,8%	54%	19%	19%
17	Santos	7,5%	55%	15%	22%
18	Fluminense	7,2%	52%	17%	23%
-	Outros	8,1%	53%	12%	27%
	Média	12,3%	53%	17%	17%

Grau de envolvimento da torcida com o time / Crédito: Pluri Consultoria

O estudo destaca ainda que a renda anual total dessa parcela da população atinge R$ 1,7 trilhão de reais, equivalentes hoje a € 553 bilhões.

No Brasil, o futebol responde por somente 0,2% do PIB. Na Espanha, o futebol responde por 1,2% do PIB, sendo que Barcelona e Real Madrid juntos são responsáveis por mais da metade dessa participação.

Segundo estudos da Pluri, os 30 maiores clubes brasileiros têm uma receita mensal média de R$ 90 milhões e de R$ 1,1 bilhão anual, fornecida diretamente por seus torcedores: ingressos, mensalidades dos programas de sócio-torcedor, royalties sobre produtos licenciados e até mesmo a participação no PPV. Esse valor corresponde a apenas 0,06% da renda total dos torcedores, deixando uma enorme margem para o crescimento das receitas dos clubes.

O QUE AS MULHERES PREFEREM: MMA OU FUTEBOL?

Os esportes são completamente diferentes, mas o interesse do público por eles é cada vez mais parecido. Levantamento realizado pelo Ibope Repucom, especializado em pesquisa de marketing esportivo e patrocínio, apontou que 1/3 dos brasileiros que se definem "superfãs" de futebol também se apresentam assim em relação ao MMA. A pesquisa online foi feita entre os dias 30 de agosto e 19 de setembro de 2013, com mil pessoas maiores de 18 anos.

De acordo com o levantamento, 41% dos entrevistados afirmam assistir jogos de futebol e lutas fora de casa – a maioria, 65%, em bares. A pesquisa também apontou que a proporção de superfãs do sexo feminino é maior no MMA do que no futebol – 43% dos que se definiram como muito interressados nas lutas são mulheres, enquanto que esse número cai a 33% no futebol.

Mais uma grande oportunidade para as empresas que nunca imaginaram investir em lutas para alcançar o público feminino.

Qual o maior contrato de material esportivo do mundo?

Real Madri e Barcelona contam com os maiores patrocinadores/fornecedores de uniformes na Europa, segundo levantamento da consultoria inglesa Sport Intelligence.

A Adidas investe anualmente 38 milhões de euros no Real Madrid, e a Nike 33 milhões de euros no Barcelona.

Logo após, temos o Manchester United com 31,5 milhões de euros anuais da Nike, o Liverpool com 31 milhões da Warrior.

Confira abaixo os 10 maiores contratos, destacando o ano de início do patrocínio, seu término e o ano da renovação, quando for o caso.

Top 10 kit supplier deals in Europe by annual value* to clubs

Rank	Club	Supplier	Start	Until	Renewal	Value / yr € (m)	£ (m)	$ (m)
1	Real Madrid	*adidas*	1998	2020	2012	38	31	49
2	Barcelona	*Nike*	1998	2018	2008	33	27	43
3	Manchester United	*Nike*	2002	2015	-	31.5	25.4	41
4	Liverpool	*warrior*	2012	2015	-	31.01	25	40
5	Chelsea	*adidas*	2006	2018	2011	24.8	20	32
6	Bayern Munich	*adidas*	1966	2020	2012	20	16	26
7	Inter Milan	*Nike*	1998	2019	2009	18.1	15	24
8	Manchester City	*Nike*	2013	2019	-	14.88	12	19
9	AC Milan	*adidas*	1998	2017	2007	14.9	12	19
10	Juventus	*Nike*	2003	2016	-	13.1	11	17

* Minimum guaranteed annual value regardless of sales (usually extra). *Source: Rohlmann / pr-marketing.de*

A novidade na lista é o fornecedor/patrocinador do Liverpool, a Warrior, empresa americana que está fazendo sua primeira incursão no mercado europeu de futebol, com um contrato de três anos com o clube inglês. As outras nove posições estão entre Nike com cinco e Adidas com quatro clubes patrocinados.

Quatro dos dez clubes são da Premier League. Outros três são italianos, os dois gigantes espanhóis e o solitário Bayern Munique completam a lista.

No Brasil, destaque para os contratos do Corinthians e Flamengo. O clube paulista recebe da Nike 30 milhões de reais por ano, fora o que é fornecido em material esportivo, em um contrato válido até 2022. O Corinthians utiliza muito bem as vendas excepcionais como trunfo do contrato. Um dos poucos clubes brasileiros habituados a vender mais de 1 milhão de peças por ano, não seria exagero projetar que a torcida adquire entre 1,5 milhão e 2 milhões de camisas por ano. Já o Flamengo assinou até 2023 com a Adidas, recebendo aproximadamente 35 milhões de reais anuais.

Estes valores projetam os dois clubes, no mínimo, no TOP 20 dos maiores contratos de fornecimento de material esportivo do mundo, abrindo portas para contratos e ações de marketing ainda melhores nos próximos anos.

Barça fatura para esconder patrocínio

A Intel fechou um acordo milionário com o time de futebol Barcelona para **não** exibir sua marca no uniforme dos jogadores. O famoso *slogan* "Intel Inside" irá aparecer apenas na parte de dentro do uniforme.

A quantia fechada entre o time e a Intel foi de 25 milhões de euros (cerca de 60 milhões de reais) e irá cobrir cinco temporadas. Apesar da brincadeira inteligente com o lema traduzido "Intel por dentro", a propaganda só irá aparecer mesmo em duas ocasiões: quando os jogadores levantarem o uniforme em comemoração a algum gol, algo até então completamente espontâneo, ou quando tirarem a camisa ao final da partida, o que também não acontece obrigatoriamente em todos os jogos.

Mas a parceria da Intel com o clube espanhol não ficará apenas nisso. A Intel também irá produzir tecnologias para o centro de treinamento La Masia, de onde já saíram astros do Barcelona, como Lionel Messi, Xavi e Andres Iniesta. Jogadores e treinadores também terão acesso a dispositivos Intel e dados de performance detalhados.

Antes de agosto deste ano, o Barcelona não aceitava qualquer tipo de patrocínio no uniforme. A tradição foi quebrada após um acordo publicitário com a companhia aérea Qatar Airways, cujo nome passou a estampar a parte da frente do uniforme. A Intel, ainda que discretamente, passa a ser a segunda empresa a inserir propaganda na roupa dos jogadores.

Cadê o Patrocinador?

Propostas de soluções para atrair novos patrocinadores e receitas no futebol brasileiro

Cruzeiro (bicampeão brasileiro 13/14), Santos (campeão paulista 2015), São Paulo e Santos são apenas alguns dos grandes clubes brasileiros que iniciaram o Brasileirão 2015 sem patrocínio master em suas camisas. Por qual motivo? Ou quais motivos?

Além da crise financeira do país, pode-se destacar a falta de planejamento dos clubes e federações, campeonatos que atraem pouco público, um calendário que gera choques constantes de datas forçando os clubes a jogarem com times reservas, a quase inexistência do futebol dos clubes brasileiros no exterior, sendo que o campeonato brasileiro não está presente na grade dos principais canais esportivos mundiais, como FOX e ESPN. Com tudo isso, percebe-se, a cada ano, a redução dos patrocínios de empresas multinacionais no futebol brasileiro.

Na temporada 2015, percebe-se uma grande dependência dos grandes clubes do patrocínio governamental da Caixa Econômica Federal, além do Banrisul que estampa a marca na dupla grenal.

Já o futebol mineiro que sempre teve uma forte presença das empresas locais, como as construtoras Tenda e MRV, FIAT e BMG hoje estampa a camisa do Cruzeiro sem patrocinador.

Grandes marcas multinacionais também abandonaram os clubes nacionais, como Pepsi, Samsung e Iveco que já estivaram na camisa do Corinthians nos anos 2000 ou Parmalat, Pirelli, Fiat e Agip que patrocinaram o Palmeiras e que atualmente não patrocinam nenhum clube brasileiro. O mesmo podemos dizer da Coca Cola que, em 1987, patrocinou praticamente todos os clubes do campeonato, com exceção a Flamengo e Corinthians.

Já a Azul Linhas Aéreas Brasileiras, com sede em Campinas, cidade da Ponte Preta (que está na série A do futebol brasileiro em 2015) e sem patrocínio anunciou o patrocínio para o Fort Lauderdale Strikers, clube do sul da Flórida, nos Estados Unidos e que possui o ex-jogador Ronaldo fenômeno como investidor e presidente. Além da marca na camisa da equipe e em placas de publicidade no estádio.

Confira abaixo os patrocinadores e valores envolvidos nos 12 maiores clubes brasileiros:

Clube	**Patrocínio**	**Valor (em R$)**
Atlético Mineiro	MRV	23 milhões
Botafogo	Vitton 44	9,5 milhões
Corinthians	Caixa	30 milhões
Cruzeiro	não tem	-
Flamengo	Caixa	25 milhões
Fluminense	Vitton 44	14 milhões
Grêmio	Banrisul	16 milhões
Internacional	Banrisul	16 milhões
Palmeiras	Crefisa	23 milhões
Santos	não tem	-

São Paulo	não tem	-
Vasco	Caixa	15 milhões

Como pode-se melhorar este cenário? Abaixo, destaco algumas propostas:

- Desenvolver uma gestão profissional de clubes e campeonatos;
- Utilização de ferramentas de mensuração de retorno para empresas e clubes, inclusive nas redes sociais;
- Negociação das transmissões do Campeonato Brasileiro, Copa do Brasil e playoffs dos regionais para o exterior através das grandes redes de canais esportivos mundiais, como FOX e ESPN;
- Negociações coletivas de patrocínios complementares para os clubes e/ou mesmo para os torneios. Exemplo: A Liga de Clubes da Espanha, LFP, assinou com a Konami e inseriu a marca do game Pro Evolution Soccer 2015 nos meiões de 26 clubes – 14 da primeira divisão e 12 da segunda.
- Ampliação das ações de merchandising dos patrocinadores nos estádios, clubes sociais, e demais locais de interesse;
- Ampliação dos espaços de *naming right* além dos estádios. Exemplo: o Complexo de Treinamentos AON do Manchester United é o primeiro CT do futebol mundial a ter seus *naming rights* explorados – mais uma inovação do marketing do clube inglês, que recebe cerca de 30 milhões de dólares (R$ 72,5 milhões) pelo negócio. O BMG, banco brasileiro, é o patrocinador do Museu do Porto.
- Venda de patrocínios para camisas de treino e viagens. Exemplo: Manchester United com AON.

• Licenciamento/desenvolvimento de produtos entre patrocionadores e clubes. Exemplo: a Gillette lançou uma lâmina de barbear que leva, na embalagem, o símbolo e as cores do Barcelona com ações específicas para a América do Sul.

• Patrocínios agregados. Exemplo: o Manchester City fechou um pacote só com o Etihad para dar nome ao estádio do clube e ao futuro Centro de Treinamento, além de ceder o patrocínio master nas camisas.

10 ESTÁDIOS PARA VOCÊ CONHECER

O portal espanhol El Gol Digital elaborou um ranking com os 10 estádios mais espetaculares que estão saindo do forno. Além de várias discussões geradas pelos torcedores, podemos afirmar que é uma ótima dica de turismo esportivo para os apaixonados pelo futebol.

Segundo estudo encomendado pelo Ministério do Turismo à Fundação Getúlio Vargas, em 2012, o turismo voltado para esportes cresceu 13,1%.

A pesquisa ainda revela que as 80 maiores empresas do setor de turismo no Brasil faturaram R$ 57,6 bilhões e empregaram 115 mil pessoas nos 27 estados brasileiros em 2012. Essa próspera cultura do lazer conduziu até a evolução de uma indústria do turismo voltada para esportes. Sendo que hoje o Brasil já possui uma boa reputação internacional.

Que nossos clubes aproveitem este crescimento para atraírem novas receitas e torcedores.

Segundo o site, o novo estádio do Palmeiras encabeça a lista, que conta também com a Arena Corinthians, o Beira-Rio do Internacional e a Arena Pantanal, em Cuiabá.

A lista leva em conta também projetos de remodelação, como o do próprio Beira-Rio e o do Velodrome, casa do Olympique Marselha.

A nova casa do Palmeiras será uma referência no futebol em toda a América. Apesar de ter uma capacidade para apenas

45.000 espectadores, o estádio será equipado por inúmeras comodidades, como restaurantes e suites de luxo – diz o texto do site espanhol.

Com o impasse entre Palmeiras e a construtora WTorre, responsável pelo projeto, a obra da nova arena alviverde deve ficar pronta no segundo trimestre de 2014.

Veja o ranking dos "estádios mais espetaculares do futuro" para o site El Gol Digital:

1 – Allianz Parque, do Palmeiras – São Paulo, Brasil

2 – Stade Velodrome, do Olympique Marseille – Marselha, França

3 – Stade des Lumières, do Lyon – Lyon, França

4 – Nou Mestalla, do Valencia – Valência, Espanha

5 – Beira-Rio, do Inter – Porto Alegre, Brasil

6 – Stadion Spartak, do Spartak Moscou – Moscou, Rússia

7– Arena Pantanal, de propriedade estatal – Cuiabá, Brasil

8 – Arena Corinthians, do Corinthians – São Paulo, Brasil

9 – CSKA Moscou Stadium, do CSKA – Moscou, Rússia

10 – Vodafone Arena, do Besiktas – Istambul, Turquia

Qual é a marca de material esportivo predileta e a mais rejeitada pela torcida do Cruzeiro?

Um trabalho realizado sob minha orientação para conclusão de curso de Publicidade e Propaganda pelos alunos Felipe Mendonça da Silva, Fernando Fonseca e Silva de Carvalho, João Luiz Bartlheiro, Leandro Gonçalves Ribeiro e Ricardo Vasconcelos Teixeira do Centro Universitário Una se propôs a pesquisar como os torcedores do Cruzeiro veem os fornecedores de material esportivo que patrocina ou já patrocinaram o clube. Como objeto de estudo foram selecionados todos os fornecedores de material esportivo que patrocinam ou já patrocinaram o clube: Adidas, Finta, Olympikus, Puma, Reebok, Rhumell e Topper, que continuam atuando no mercado esportivo. Exceto a Rhumell que encerrou suas atividades.

Segundo os envolvidos com a pesquisa, um dos motivadores da pesquisa é a insatisfação de alguns torcedores cruzeirenses no que diz respeito ao fornecedor de material esportivo é vista nas ruas e nas redes sociais, isso mostra que é importante para os clubes brasileiros ouvir o consumidor final sobre a preferência de determinada marca. O Cruzeiro Esporte Clube foi escolhido por ser alvo de insatisfações de seus torcedores sobre a marca que estampa a camisa do clube mineiro.

Foram colhidas respostas de duzentos e oitenta e um respondentes, sendo que 199 (68%) eram torcedores do Cruzeiro e os outros 82 (32%) eram torcedores de diferentes clubes do futebol brasileiro (Atlético Mineiro, Flamengo, Sport, São Paulo, Corinthians, entre outros). A maioria dos respondentes, ou seja, duzentos e trinta (82%) são do sexo masculino e cinquenta e um (18%) do sexo feminino. Foi optado por não pedir a classe social em que os respondentes pertenciam, porém a faixa etária foi dividida em quatro opções: até 18 anos (28% de respondentes), de 19 a 30 anos (60% de respondentes), de 31 a 50 anos (11% de respondentes) e acima de 50 anos (apenas 1% de respondentes).

De modo geral, 90% dos respondentes sabe qual fornecedor de material esportivo patrocina o seu clube. Já 54% não acredita que faz alguma diferença uma mesma empresa fornecer material esportivo para dois clubes rivais, como Cruzeiro e Atlético-MG.

Os dados foram colhidos em novembro de 2013. Através deste levantamento torna-se possível fazer conclusões sobre a simpatia, rejeição e lembrança dos torcedores sobre as marcas fornecedoras de material esportivo.

Vale o destaque para outras descobertas da pesquisa:

A maioria dos respondentes é da opinião de que o fornecedor de material esportivo tem o dinheiro como o seu maior atributo para agregar ao clube do respondente, e a minoria acredita que a escolha do fornecedor de material esportivo não tem o poder de atrair mais torcedores.

A empresa fornecedora de material esportivo top of mind na memória de cada um dos torcedores foi a Adidas (38%), seguida da Reebok (22%) e da Puma (20%) respectivamente.

Dentre as marcas que patrocinaram o Cruzeiro até os dias atuais, a pesquisa quis saber qual delas cada um dos respondentes mais gostou. A pesquisa detectou que maioria dos respondentes gostou mais da Adidas (41%), seguida de Puma (26%) e Reebok (20%). Interessante destacar que a maioria dos respondentes tem a idade entre 19 e 30 anos, o que mostra que na época que Adidas patrocinava e fornecia material esportivo para o clube, eles eram crianças ou nem nascidos, ou seja, não tiveram contato direto com parceria entre o clube e a empresa.

Os respondentes destacaram que o design (53%) foi o que levou a escolha da maioria doeles para justificar o fornecedor de material esportivo escolhido anteriormente.

A pesquisa destacou ainda que a atual fornecedora do time, Olympikus, possui a maior rejeição (49%), seguida da já extinta Rhumell (22%) e Finta (12%), o que direciona a preferência do torcedor por marcas reconhecidas internacionalmente e presente em grandes clubes. Quando questionado sobre qual fornecedor não gostaria que estivesse com o Cruzeiro a pesquisa levantou que 48% disseram Olympikus, seguida pelo Lupo (12%), que mesmo não sendo objeto da pesquisa ficou em segundo lugar, muito em virtude do patrocínio do rival Atlético.

A pesquisa levantou ainda que o fato de uma marca patrocinar o clube, no caso o Cruzeiro, faz com que ela seja mais consumida por seus torcedores/consumidores por 56% dos respondentes.

Foi levantado que 49% dos torcedores deixaram de adquirir matérias do Cruzeiro em virtude da marca do fornecedor.

A última questão da pesquisa quis detectar qual a marca fornecedora de material esportivo os respondentes gostariam para o Cruzeiro em 2014. A Adidas foi selecionada por 61% dos torcedores, seguida por Nike (18%) e Puma (5%). O resultado demonstra que a força da marca Adidas na memória do torcedor cruzeirense é muito forte, sendo apontada como sonho de consumo para o ano de 2014.

A pesquisa realizada nesse estudo comprovou que é extremamente importante ouvir a opinião dos torcedores. Uma vez que esses torcedores possuem um grande potencial de consumo das marcas fornecedoras de material esportivo. São torcedores, curiosos, fanáticos, críticos e praticantes do futebol, seja ele amador ou não. O uso dos resultados de uma pesquisa feita com torcedores/consumidores pode definir não somente as estratégias de marketing e comunicação, quanto possibilitar um planejamento para ações futuras dos clubes e marcas patrocinadoras envolvidas.

Uma aula de marketing no Super Bowl

A edição XLVIII do Super Bowl foi cheia de emoções no MetLife Stadium de Nova Jersey, onde o Seattle Seahawks arrasou o Denver Broncos, vencendo por 43 a 8, e se consagrou campeão pela primeira vez do evento.

Enquanto assistimos campeonatos de futebol com uma baixa média de público, pouco ou quase nenhuma visibilidade internacional e patrocionadores cada vez mais escassos e gestões cada vez mais amadoras, a final do campenato de futebol americano nos ensina que ainda temos muito que aprender e crescer no marketing esportivo brasileiro.

Com movimento de US$ 600 milhões, o espetáculo de três horas – e apenas uma de jogo – ganha milhões de fãs em todo o planeta. Em 2012, o evento atingiu à marca recorde de 114 milhões de espectadores, com show da diva pop Madonna no show do intervalo – contra 111 milhões em 2013, quando a apresentação foi da cantora Beyoncé.

Em 2014, o evento contou com a apresentação de Bruno Mars, considerado o músico do ano pela revista americana "Billboard", além da banda Red Hot Chilli Peppers.

Cada anúncio chegou em US$ 4 milhões por 30 segundos de exposição nos intervalos – são quatro tempos de 15 minutos cada.

Até em terras brasileiras, onde as regras do futebol americano parecem complicadas demais para quem está acostumado a fazer gols, o interesse cresce. Segundo o Google Trends, ferramenta que identifica o interesse dos usuários por número de pesquisas na ferramenta, as buscas são crescentes.

O MAIOR PATROCINADOR DO FUTEBOL BRASILEIRO

A Caixa acaba de anunciar a renovação do patrocínio da empresa ao Corinthians, pelos mesmos valores do ano anterior: R$ 30 milhões anuais. A informação foi publicada pelo Diário Oficial da União em 15 de janeiro de 2014.

A ôestatal é a maior patrocinadora dos clubes brasileiros. O maior patrocínio do banco é com o Corinthians, que renovou o contrato que teve início no fim de 2012, quando foi acertado um contrato de R$ 31 milhões – R$ 1 milhão pelo mês de dezembro, quando os corinthianos jogaram o Mundial de Clubes da Fifa, e R$ 30 milhões referentes ao ano de 2013. O valor, portanto, manteve-se inalterado para 2014.

De lá para cá, a Caixa assinou patrocínios com vários outros clubes brasileiros, cujos valores foram publicados no Diário Oficial da União. O Flamengo é o segundo que mais recebe da instituição financeira, R$ 25 milhões, em um acordo que envolve apenas o peito da camisa, e não as costas, como funciona com o Corinthians.

Apenas com patrocínios a times de futebol, a Caixa investe 105,9 milhões por ano, investimentos que devem aumentar com novos contratos. O banco considera o ranking de torcidas como um dos critérios para definição dos valores.

Além de Corinthians e Flamengo, há aportes a Vasco (R$ 15 milhões), Atlético-PR (R$ 6 milhões), Coritiba (R$ 6 milhões), Vitória (R$ 6 milhões), Atlético-GO (R$ 2,4 milhões),

Avaí (R$ 1,75 milhão), Figueirense (R$ 4,5 milhão), Chapecoense (R$ 4 milhões), Paraná Clube (2 milhões), América-RN (2 milhões), ABC (2 milhões), ASA (R$ 500 mil) e CRB (500 mil).

Já na Europa, apenas três instituições bancárias investem nos 78 times analisados, o que representa apenas 3,8% do total. Lá, as montadoras dominam o cenário, com oito clubes patrocinados, seguidas por companhias aéreas e empresas alimentícias, com sete times cada uma.

Quem assiste um campeonato regional?

A cada jogo que assistimos vemos mais cadeiras vazias do que torcedores nas arenas brasileiras. Na última semana, tivemos 375 torcedores para acompanhar Flamengo e Bonsucesso pelo campeonato carioca. Já tivemos também 32 "fiéis" para acompanhar Oeste e Ituano na primeira divisão do Paulistão 2014. No Mineiro, o duelo entre Minas Futebol e Boa Esporte teve 357 pagantes.

A média de público dos campeonatos estaduais estão morro abaixo: 7.607 torcedores no Paulista, 5.372 no Carioca e 5.377 no Mineiro de 2015.

Até quando continuaremos com campeonatos sem nenhum atrativo para o torcedor? Quem ganha com campeonatos longos e chatos?

Quem não ganha com um campeonato regional curto, com os grandes clubes entrando apenas no mata a mata e com datas livres para fazerem uma pré-temporada de qualidade e com a possibilidade de disputar amistosos e torneios no exterior?

O campeonato mineiro poderia ser disputado pelos clubes menores, onde os 6 melhores estariam classificados para os playoffs com Cruzeiro e Atlético?

A mesma regra valeria para Paulistão e para o Carioca, onde os 4 grandes entrariam nos palyoffs com os 4 vencedores do torneio inicial.

Com jogos importantes, o público será maior, nas arenas e na TV, os contratos de patrocínio também serão melhores e amplia-se a possibilidade de negociação dos jogos para o exterior, fortalecendo a marca dos clubes e campeonatos brasileiros.

Como exemplo, pode-se destacar que o Borussia Dortmund teve a maior média de público do mundo em 2013, de acordo com ranking elaborado pela Pluri Consultoria: foram 80.558 torcedores no estádio por jogo da equipe.

Atrás do Borussia vem o Manchester United, com média de 75.530, e, depois, o Barcelona, com 71.681. Entre os 100 clubes com maior número de torcedores nos estádios, o clube nacional melhor posicionado é o Corinthians, que aparece na 91ª colocação, com média de público de 25.222 torcedores por jogo – tendo caído de 65º para 91º em relação à temporada anterior.

Quanto fatura a seleção brasileira com patrocínios?

A seleção brasileira de futebol possui a camisa de treino mais valiosa do mundo, segundo estudo do IBOPE Repucom, com uma receita anual de R$ 126,4 milhões, cerca de 39,5 milhões de euros, em publicidade no uniforme de treinamento. A seleção tem contrato com marcas domésticas para seu uniforme – Itaú, Vivo, AmBev e Sadia, o que naturalmente reforça a identidade nacional.

Em sua 15ª edição, o estudo abrange os patrocinadores de uniformes de treinamento das principais seleções mundiais como um tema extra e, além dos mercados europeus (Inglaterra, Alemanha, Itália e Portugal), também foram incluídos países onde o futebol tem grande importância, como Brasil e Argentina.

Em segundo lugar, com uma receita em patrocínio de uniformes de treino de R$ 41,6 milhões (13 milhões de euros) aparece a Seleção Alemã que, assim como o Brasil, tem contrato com uma marca doméstica.

Essa estratégia reforça o espírito nacional e a lealdade regional da população à marca no país. Em contrapartida, a Seleção Argentina de Futebol soma R$ 11,2 milhões, aproximadamente 3,5 milhões de euros, em patrocínio de marcas internacionais.

A Seleção Brasileira disputará a Copa do Mundo, com 16 marcas parceiras, divididas em três níveis. As marcas de maior visibilidade, que ostentam o título de patrocinadores oficiais são: Nike, Itaú, Vivo, Guaraná Antarctica (Ambev) e Sadia.

Entre os apoiadores estão a MasterCard, Samsung, Nestlé, Extra, Gillette, Volkswagen, Gol Linhas Aéreas, EF English Town e Seguros Unimed. Ainda figuram como parceiras a Parmigiani e a Tenys Pé Baruel.

Para efeito de cálculo, o estudo Ibope/Repucom considerou apenas a receita proporcionada pelos chamados patrocinadores oficiais, que asseguraram o direito de estampar suas marcas no uniforme de treino da equipe canarinha.

O montante total arrecadado pela Confederação Brasileira de Futebol (CBF) com patrocínio alcança valores muito acima dos mensurados pelo estudo. Um gol de placa da Confederação para a seleção. Uma pena que internamente a Conferderação não reforce os clubes brasileiros, organizando um campeonato rentável, com visibilidade internacional e que atraia novos patrocinadores e torcedores.

Executivos veem oportunidades no futebol

De acordo com relatório da consultoria Michael Page, 84% dos executivos do Brasil veem no futebol uma fonte de oportunidades.

A pesquisa aponta ainda que apenas 16% responderam que o futebol no ano do mundial da Fifa não é um facilitador de novos negócios.

Segundo a pesquisa, 56% dos entrevistados afirmaram possuir um alto envolvimento com o futebol. 23% alegaram ter algum envolvimento, 17% responderam ter poucos vínculos e somente 5% não têm relação nenhuma com o esporte.

Foram entrevistados 460 executivos que participaram da primeira edição do evento Bate-Bola com Campeões (25/03), organizado pela Aberje (Associação Brasileira de Comunicação Empresarial).

Uma boa notícia para gestores de marketing esportivo, clubes e patrocinadores que comprovam um cenário positivo para atuação no mercado esportivo.

Somos iguais: gol de placa da CBF

Diante dos recentes fatos de racismo no nosso futebol, a Confederação Brasileira de Futebol entrou de vez em ação na luta contra qualquer tipo de preconceito. A instituição lançou com o início do Brasileirão a campanha "Somos Iguais", idealizada após os últimos acontecimentos de racismo no futebol brasileiro, como os casos envolvendo os jogadores Tinga, do Cruzeiro; Arouca, do Santos, e o árbitro da Federação Gaúcha de Futebol, Márcio Chagas da Silva. Um verdadeiro gol de placa da CBF, que merece o reconhecimento mesmo com tantos desmazelos com o futebol nacional.

O objetivo da campanha e a conscientização e o repúdio sobre qualquer ato de preconceito, seja racial, econômico, religioso, social, sexual, entre outros.

Para alcançar o objetivo da campanha e mover a sociedade contra o preconceito, a CBF fará ações na primeira fase das Séries A e B do Campeonato Brasileiro de 2014 e também nos dois amistosos que a Seleção Brasileira fará antes do início da disputa da Copa do Mundo FIFA 2014.

Um aplicativo (App) será criado para as pessoas que presenciem qualquer tipo de manifestação preconceituosa em eventos esportivos possam denunciá-la através deste. As denúncias que chegarem serão encaminhadas para as autoridades competentes.

Várias outras ações como patch com o logo da campanha "Somos Iguais" nos uniformes dos arbitros das séries A e B, faixas, placas publicitárias, bolas personalizadas que serão distribuídas com o logo da campanha e o texto "faça um selfie com a bola usando #somosiguais e sua foto poderá aparecer nas redes sociais da CBF" tendo como objetivo fazer o torcedor participar ativamente da campanha.

A CBF TV produziu um vídeo de divulgação da campanha, transmitindo a mensagem de repúdio a qualquer tipo de preconceito. Um dos elementos do vídeo é o texto produzido pelo jornalista Mauro Betting, interpretado por atletas e personalidades.

#Confira #Compartilhe #sempreconceito #somosiguais
https://www.youtube.com/watch?v=9CwP8jfATvM&app=desktop

Futebol Arte e Cultura

Em tempos de discussões sobre o legado da Copa para país podemos afirmar que o Museu do Futebol Brasileiro é um dos bons exemplos que podem ser destacados.

Com mais de uma dezena de espaços para visitação, o Museu funciona no Mineirão e vem se tornando um ponto de encontro para os apaixonados no esporte, e também em cultura e arte, já que o espaço reúne uma série de obras que encantam os visitantes de todas as idades e regiões.

As salas contemplam dados da construção e inauguração do Mineirão, com relíquias como uma catraca original do estádio. A história do futebol é contada por meio de imagens, objetos, além de painéis multimídias que auxiliam o torcedor a compreender as regras e os esquemas táticos dos times.

O futebol mineiro tem um lugar especial na sala Campos

Gerais. Há placas dos belos gols marcados no Mineirão, a calçada da fama dos jogadores e objetos de colecionadores.

Na visita guiada, o torcedor pode conhecer vestiários, camarotes, gramado e sala de aquecimento dos jagadores. A Minas Arena, concessionará que administra o Mineirão, disponibiliza monitores bilíngues para acompanhar os grupos de visitantes, com início a cada hora.

Já o acesso do público à esplanada do Mineirão é feito pelas entradas norte e sul. Os visitantes também podem ter acesso na esplanada à loja oficial do Cruzeiro e a restaurantes. Atlético e América ainda estão fora do jogo quando o assunto é marketing esportivo, gestão da marca e relacionamento com os torcedores.

Os interessados podem marcar data e horário para conhecer o Mineirão e o Museu Brasileiro do Futebol pelo telefone (31) 3499-4333 ou e-mail:

ouvidoria@minasarena.com.br.

Mais informações no site: http://www.museubrasileirodofutebol.com.br ou no próprio Museu, localizado na Av. Antônio Abrahão Caram, 1001 – Pampulha, Belo Horizonte.

Quem é o melhor garoto propaganda?

A brazuca da Adidas ainda não rolou na Copa do Mundo, mas a briga entre as marcas de material esportivo está quente também fora de campo. As concorrentes Nike e Puma buscam grandes estrelas para ganharem mais destaque na Copa.

Segundo o ranking do grupo de pesquisas de marketing esportivo Repucom, as grandes marcas estão investindo milhões em contratos de exclusividade com grandes astros do futebol. A Nike fechou contrato com seis dos dez mais famosos jogadores do mundo, frente a apenas três da Adidas e um da rival alemã menor, Puma, de acordo com o relatório.

O jogador português Cristiano Ronaldo, patrocinado pela Nike, lidera a lista da Repucom, com quase 84 por cento das pessoas no mundo afirmando reconhecer o atacante do Real Madrid, ajudando a marca a vender um milhão de camisetas com seu nome nas costas em 2013.

No segundo lugar está o argentino Lionel Messi, principal estrela da campanha da Adidas, que tem 76 por cento do reconhecimento global, segundo a Repucom.

O apelo do extrovertido Cristiano Ronaldo, que foi eleito o melhor jogador do mundo em janeiro, no lugar de Messi, tem o auxílio do seu uso da rede social Twitter, onde ele possui 26 milhões de seguidores, ante apenas dois milhões do argentino.

"Embora o principal seja o desempenho no campo, o apelo de um jogador também passa por toda uma gama de variáveis", disse o fundador da Repucom, Paul Smith. "Atletas como Cristiano Ronaldo têm algo único que, se você pudesse embalar e vender do jeito que está, você não precisaria fazer mais nada".

A Nike tenta fazer exatamente isso em um chamativo anúncio com Cristiano Ronaldo e Shayk, o qual mostra como garotos jogando futebol em um campinho local terminam por participar de uma partida em um grande estádio contra seus heróis, incluindo outras estrelas do ranking da Repucom, como Neymar e o inglês Wayne Rooney.

A Adidas retaliou com um novo anúncio lançado nos últimos dias que mostra Messi sonhando com seus rivais, como o alemão Bastian Schweinsteiger, o uruguaio Luis Suárez e o brasileiro Daniel Alves, nenhum dos quais está no raking da Repucom.

O anúncio da Nike já atraiu 67 milhões de visualizações no YouTube desde que foi lançado no mês passado, ao passo que o da Adidas já foi visto por quase 30 milhões de pessoas em menos de uma semana.

Enquanto isso, a Puma, cujo único jogador na lista da Repucom é o ex-atacante francês Thierry Henry, está buscando uma nova estratégia de marketing para chamar a atenção: a empresa persuadiu jogadores como o italiano Mario Balotelli, o alemão Marco Reus e o espanhol Cesc Fábregas a vestir as chuteiras "Tricks" em duas cores, uma rosa e outra azul.

Pelo visto esta disputa será cada vez maior.

Qual é o o jogador de futebol mais conhecido do mundo?

Uma pesquisa realizada pela Celebrity DBI, do IBOPE Repucom, mediu a percepção de mais de 6.500 pessoas em 13 mercados internacionais, representando um universo de 1,5 bilhão de pessoas, buscou levantar quais são os jogadores de futebol da atualidade mais conhecidos.

Em primeiro lugar, ficou o melhor jogador do mundo segundo a FIFA, o português Cristiano Ronaldo, na frente do argentino Messi, que ficou na segunda colocação. O brasileiro Neymar está em sétimo lugar no ranking, com 53,3% de popularidade em âmbito mundial.

Com o decorrer da Copa do Mundo e com o sucesso de Neymar na seleção brasileira os números do brasileiro devem aumentar nas próximas pesquisas.

O grau de conhecimento é um dos atributos avaliados pelo Celebrity DBI. Globalmente, 83,87% dos participantes afirmaram conhecer Cristiano Ronaldo nos países pesquisados. O argentino, Lionel Messi, aparece na segunda colocação (76,7%), seguido por Gerard Piqué (58,08%), da Espanha, em terceiro.

A pesquisa Celebrity DBI ouviu pessoas de 13 a 69 anos em 13 países, sendo eles: Argentina, Brasil. China, Estados Unidos, França, Alemanha, Índia, Itália, México, Rússia, Espanha, Reino Unido e Turquia. Os resultados do estudo classificam os nomes pesquisados a partir de notas de 0 a 100, em oito atributos-chave.

Confira o ranking dos mais influentes:

1 – Cristiano Ronaldo

2 – Lionel Messi

3 – Gerard Piqué

4 – Fernando Torres

5 – Wayne Rooney

6 – Andrés Iniesta

7 – Neymar

8 – Iker Cassilas

9 – Zlatan Ibrahimovic

10 – Thierry Henry

De quem é a culpa do fracasso do futebol nacional?

A Copa do Mundo no Brasil terminou com elogios para o evento, eleito por muitos como a melhor Copa de todos os tempos, mas também com reclamações e busca por respostas para o fracasso da seleção Brasileira na Copa de 2014, aumentando o histórico recente de insucessos, se somarmos os resultados dos mundiais de 2006 e 2010.

A resposta não é simples, apesar das várias discussões que bombam nos programas esportivos, jornais e interessados no assunto, que pelo visto são muitos, exceto a Confederação Brasileira de Futebol, e nossos dirigentes que não se demonstram interessados em mudanças.

Entrando nesta discussão, apresento dois pontos que considero pilares dos fracassos da seleção brasileira, ou mesmo do futebol nacional.

Nossa seleção jogou esta Copa com uma estrela solitária, Neymar, e a partir do momento que não jogou nos transformamos em um time de segundo escalão e que não conseguiu enfrentar seleções de ponta. Não pensamos em sermos campeões com Hulk e Fred no poster de campeão, na parede que ostenta times com Péle, Garrincha, Romário/Bebeto, Ronaldo/Ronaldinho/Rivaldo?

O primeiro ponto é que criamos uma geração de estrelas, de *pop stars* que se perderam no show *business* em detrimento do foco no esporte, vide Robinho, Diego, Pato, Adriano, Ganso, dentre outros. Poderíamos ter uma outra seleção em campo, com várias estrelas se estes e outros craques, como Ronaldinho Gaúcho e Kaká, tivessem uma orientação/gestão de carreira para o esporte, para as marcas que seus nomes se transformaram. Na Europa, é raro os exemplos de jovens craques que se perderam na carreira. Vejamos os exemplos das seleções da Holanda e Alemanha, onde a base do time é o mesmo desde a Copa de 2006.

O segundo pilar do fracasso do nosso futebol (e não estou falando apenas seleção) em relação ao futebol europeu é simples, a gestão amadora em detrimento ao planejamento profissional, dentro e fora de campo. Temos campeonatos longos, estádios vazios, salários atrasados, torcedores mal tratados e um calendário que não permite nossos clubes jogarem no exterior e muito menos os grandes clubes mundiais jogarem no Brasil, como acontece frequentemente nos Estados Unidos e México.

Para fechar, destaco um terceiro pilar, descrito por outro apaixonado pelo futebol, meu amigo e publicitário Thiago Meira. Ele recorda que, há dois anos, o futebol brasileiro jogado dentro de campo, 11x11, passou por um vexame quando o Santos perdeu para o Barcelona de 4x0. Ao término do jogo, Guardiola, técnico do Barcelona na ocasião disse que o time dele apenas tinha jogado como o Brasil costumava jogar.

Agora, mais uma vez, o futebol brasileiro, em campo, 11x11 passou por mais um vexame histórico, e mais uma vez vemos os adversários dizerem, "jogamos como o Brasil costumava jogar". Ou seja, os brasileiros ensinaram ao mundo a jogar futebol e parece que esquecemos como se faz. Enquanto na Europa, a figura dos volantes brucutus é trocada pelos volantes habilidosos, que sabem jogar com a bola nos pés, no Brasil, se aparece um volante habilidoso, logo vira meia, ou atacante. 99% dos clubes brasileiros voltaram a jogar com falido esquema de pontas com um homem de área fixo. No Brasil, não se cria mais meias de ligação, aquele que jogava com a 10, como Zizinho, Pelé, Ademir da Guia, Rivellino, Dirceu Lopes, Zico, Rivaldo, Alex ou Juninho Pernambucano. Todos carregariam esta selação nas costas, e assim fica a pergunta: quantos meias brasileiros, desse naipe, existem hoje?

Enfim, talvez uma derrota como essa escancare de vez a falência desse futebol brasileiro que busca resultado a todo custo, apenas pensando no dinheiro para os envolvidos e mostre que precisamos voltar a pensar no futebol como os brasileiros um dia ensinaram ao mundo. Eles aprenderam o que é o mais difícil, nós precisamos apenas relembrar.

As marcas mais valiosas dos clubes brasileiros

No estudo de 2014, Cruzeiro e Galo são destaques.

A empresa de consultoria e auditoria BDO lançou a edição anual do estudo sobre o valor das marcas dos clubes brasileiros. A novidade, em 2014, é a inclusão de mais sete clubes – Criciúma, Paraná, Guarani, Atlético GO, Santa Cruz, Ceará e Fortaleza – a lista chega ao Top 30.

Os dois principais clubes mineiros, Cruzeiro e Atlético, foram os que tiveram a marca mais valorizada do país no último ano, segundo estudo da consultoria.

De acordo com o balanço, a marca Cruzeiro teve uma valorização de 101% (valia R$ 202 milhões, em 2013, e agora vale R$ 407,2 milhões), subindo de 10º para 8º no ranking geral. Já o Atlético Mineiro apresentou evolução de 66% (subindo de R$ 214,9 milhões para R$ 357, 6 milhões), permanecendo em nono.

Em sua análise para avaliação das marcas, a BDO seguiu a mesma metodologia dos estudos anteriores (três dos quais não foram publicados), seguindo 21 diferentes variáveis entre dados financeiros históricos dos clubes, informações publicadas em pesquisas com os torcedores, dados de marketing esportivo, hábitos de consumo dos torcedores e dados sociais e econômicos do mercado em que atuam os clubes analisados.

As informações financeiras têm por base os balanços dos clubes e não incluem as receitas com transferências de jogadores, sendo divididas em quatro grandes áreas: Mídia (direitos de transmissão), Marketing, Estádios e Sócios.

O clube mais valorizado é o Corinthians (R$ 1,2 bilhão), seguido pelo Flamengo (R$ 1,06 bilhão).

Os clubes que mais cresceram em valor gerado para as suas marcas, entre 2010 e 2014, foram: Corinthians, com evolução de R$ 486 milhões; Flamengo (R$ 381 milhões) e Cruzeiro (R$ 268 milhões). O Atlético é o sexto (R$ 247 milhões), à frente de clubes como São Paulo, Internacional e Palmeiras.

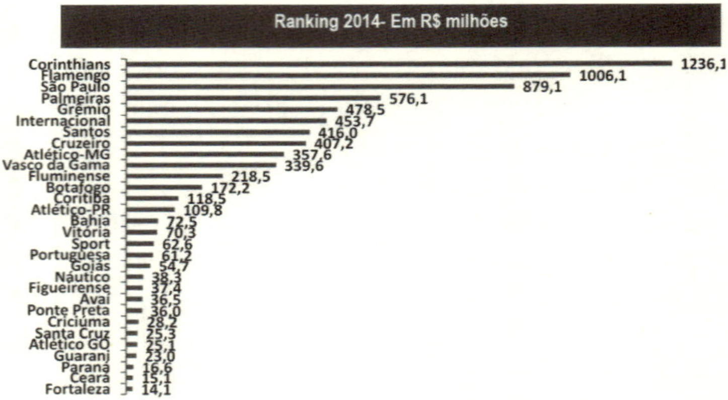

O valor somado das marcas dos 30 clubes apresentou evolução de 19% em relação ao ranking de 2013 e 76% de crescimento nos últimos cinco anos. Os 30 clubes analisados somam, hoje, R$ 7,39 bilhões e, entre as razões para a valorização, estão a evolução dos valores recebidos por direitos de transmissão, de patrocinadores e maior participação do torcedor como fonte de renda para os clubes – hoje, o Cruzeiro é o terceiro em sócios-torcedores (59, 7 mil) e o Atlético é o oitavo (31 mil).

Os números demonstram que o futebol nacional possui um grande potencial de consolidação entre os maiores do mundo. O desafio ainda é uma gestão amadora na maioria dos clubes nacionais, ainda iniciando projetos sólidos de marketing, com raras excessões (destaco Corinthians e Cruzeiro) e fracas ações de internacionalização de suas marcas.

Os clubes com as marcas mais valiosas do futebol mundial

O 9º relatório com as "**50 Marcas Mais Valiosas do Futebol**", realizado pela consultoria britânica **Brand Finance** é considerado o mais relevante e tradicional do Mercado e destaca nesta edição o Manchester United como clube com a marca mais valiosa do futebol mundial, sendo o primeiro clube a romper a barreira do bilhão de dólares, atingindo o excepcional valor de US$ 1,206 bilhão. Em euros esse valor é de 914 milhões e 727 milhões em libras.

O valor não se refere ao faturamento do time ou ao valor de mercado da empresa por trás do time. O valor dá conta do time (e tudo o que o envolve) enquanto marca, símbolo. O crescimento do valor da marca do clube foi de 63% sobre 2014 e com isso superou por boa margem o líder de 2014, o Bayern Munique, que teve sua marca avaliada em US$ 933 milhões. O Real Madrid veio em terceiro lugar, seguido por Manchester City, Chelsea e o Barcelona na sexta posição, com sua marca valendo US$ 773 milhões, já incluindo nesse número um acréscimo de US$ 28 milhões proporcionados pela conquista da UEFA Champions League.

A lista dos 50 é composta por times da Europa, com destaque para Inglaterra, França, Espanha, Itália e Alemanha. Entre os 50 primeiros, há somente dois forasteiros da europeus: os brasileiros São Paulo, na 43ª posição, tem uma marca de 95 milhões de dólares e o Corinthians, na 48ª posição: sua marca vale 79 milhões de dólares.

Clubes com maior valor de mercado (pesquisa Brand Finance)

1. Manchester United – US$ 1,2 bi (R$ 3,7 bi)
2. Bayern de Munique – US$ 933 milhões (R$ 2,9 bi)
3. Real Madrid – US$ 873 milhões (R$ 2,7 bi)
4. Manchester City – US$ 800 milhões (R$ 2,5 bi)
5. Chelsea – US$ 795 milhões (R$ 2,4 bi)
6. Barcelona – US$ 773 milhões (R$ 2,4 bi)
7. Arsenal – US$ 703 milhões (R$ 2,2 bi)
8. Liverpool – US$ 577 milhões (R$ 1,8 bi)
9. PSG – US$ 541 milhões (R$ 1,7 bi)
10. Tottenham – US$ 360 milhões (R$ 1,12 bi)
11. Juventus – US$ 350 milhões (R$ 1,09 bi)
12. Borussia – US$ 326 milhões (R$ 1,02 bi)
13. Schalke 04 – US$ 302 milhões (R$ 944 mi)
14. Milan – US$ 244 milhões (R$ 763 mi)
15. Everton – US$ 228 milhões (R$ 713 mi)
43. São Paulo – US$ 95 milhões (R$ 296 mi)
48. Corinthians – US$ 79 milhões (R$ 247 mi)

Já um novo estudo elaborado pela empresa de consultoria e auditoria BDO com foco apenas no futebol brasileiros indicou o Flamengo como marca mais valiosa do futebol nacional em 2015, com valor de mercado avaliado na casa de R$ 1.243 bilhão, ultrapassando o Corinthians, que liderava a estatística desde 2011.

Para chegar ao valor da marca dos clubes, a empresa considera a quantidade de torcedores/consumidores, arrecadação de receitas e mercado. Mesmo com a economia brasileira em crise, as marcas dos 30 maiores clubes tiveram valorização em relação 2014, atigindo R$ 8,32 bilhões. Nos últimos cinco anos, o crescimento do valor das marcas consolidado cresceu 81%.

Clubes com maior valor de mercado no Brasil (pesquisa BDO)

Flamengo – R$ 1.243 bilhão
Corinthians – R$ 1.241,4 bilhão
São Paulo – R$ 878,1 milhões
Palmeiras – R$ 651,2 milhões
Grêmio – R$ 590,1 milhões
Internacional – R$ 580,7 milhões
Cruzeiro – R$ 512,2 milhões
Santos – R$ 404,6 milhões
Atlético-MG – R$ 394,8 milhões
Vasco – R$ 359,3 milhões
Fluminense – R$ 256,0 milhões
Botafogo – R$ 209,3 milhões
Atlético-PR – R$ 146,8 milhões
Coritiba – R$ 141,2 milhões
Bahia – R$ 102,5 milhões
Sport – R$ 87,4 milhões
Vitória – R$ 78,5 milhões

Destaque-se que há grandes diferanças entre as metodologias e critérios entre os estudos da Brand Finance e BDO Brasil. A Brand Finance trabalha com uma visão global, fortemente influenciada pela realidade europeia e a BDO Brasil trabalha exclusivamente com os dados do Brasil.

No trabalho da consultoria britânica, o Flamengo não aparece entre as 50 marcas mais valiosas do mundo, e o São Paulo está à frente do Corinthians, que caiu várias posições, possivelmente as dívidas de Flamengo e Corinthians tenham influenciado o último estudo da consultoria inglesa.

Neste cenário, é necessário que os clubes brasileiros explorem melhor suas marcas, nacionalmente e principalmente internacionalmente, onde nossos clubes praticamente não marcam presença. Com uma gestão de marketing profisssional e com negociações mais eficazes com forncedores de material esportivo e TV's, os clubes podem ampliar as fronteiras, além de aumentar receitas e visibilidade.

O INGRESSO ESTÁ CARO OU O ESPETÁCULO ESTÁ RUIM?

Confira quais clubes possuem os ingressos mais caros no Brasileirão

A média de público do Campeonato não é das melhores, mas quando falamos dos preços dos ingressos o cenário é outro.

Os clubes, na maioria individados, aumentam os valores dos ingressos com o objetivo de melhorarem suas receitas, o que na maioria das vezes acaba afastando o torcedor popular dos estádios e principalmente das novas arenas.

Os programas de sócio torcedor em alguns casos conseguem oferecer vantagens aos torcedores com descontos ou ingressos inclusos nos programas, porém muitos ainda estão distantes do torcedor fiel que desejar frequentar todos os jogos do seu clube.

A venda de ingressos para toda a temporada, como é comum nas ligas europeias e americanas é uma opção que ainda não é praticada pelos clubes brasileiros, assim como a venda antecipada via internet, que poderia antecipar receitas aos clubes e baratear os custos para os torcedores.

Estudo realizado pelo pelo Footstats e pelo jornalista Mauro Cezar Pereira, da ESPN, destacam o preço médio dos ingressos para os jogos do Campeoanto Brasileiro de acordo com o clube mandante de cada partida.

Vale lembrarmos que cada clube deve jogar, apenas no Campeonato Brasileiro, 19 jogos em casa.

Ainda fico com a seguinte dúvida: o ingresso está caro ou o espetáculo está ruim para o atual preço? Quando digo espetáculo considero a equipe, o atendimento, o conforto, a acessibilidade, dentre outros fatores que são básicos para a profissionalização do nosso campeonato e equipes.

Preço médio dos ingressos
Na Série A – 2014 (em R$)
Corinthians – 63,05
Atlético-PR – 62,34
Internacional – 40,98
Flamengo – 39,61
Palmeiras – 39,13
Cruzeiro – 36,93
Grêmio – 33,36
Botafogo – 31,33
Goiás – 29,79
Bahia – 28,74
Atlético-MG – 26,79
Santos – 24,58
Coritiba – 22,70
Figueirense – 22,08
Chapecoense – 21,48
São Paulo – 19,13
Sport – 18,68
Fluminense – 17,54
Criciúma 16,01

O Branded Content te dá asas...

Um tendência cada vez maior no cotidiano do marketing, chamada *branded content* ou Comunicação por Conteúdo, se baseia em transformar a comunicação de uma marca em atração.

O objetivo principal é dar às marcas a oportunidade de promoverem a sua identidade, os seus produtos ou os seus serviços, junto dos seus públicos-alvo de um modo direcionado e impactante. Combinando o conteúdo dos formatos com os objetivos das marcas, o branded content cria e estimula laços entre as empresas e os consumidores, ativando a comunicação através do entretenimento. É uma forma de acabar com a divisão entre o comercial e o entretenimento.

Não devemos, entretanto, confundir o branded content com estratégias de marchandising, nas quais a marca apenas patrocina o conteúdo.

Uma empresa que é referência em *branded content* é a Red Bull, que desenvolve diversas ações ligadas aos esportes radicais e sua marca, e que deve ser inspiração para quem deseja desenvlver ações sobre o tema.

A empresa acaba de lançar um novo canal de comunicação desenvolvido pela agência Loducca e em parceria com o GloboEsporte.com.

A plataforma apresenta conteúdo transversal sobre skate, breakdance, parkour e street trials, com espaço dedicado ao estilo de som que atrai os praticantes destes esportes. Feito sob encomenda pela área de Comercialização de Mídias Digitais da Globo.com, o site traz textos, fotos, mapas, vídeos, fotos e infográficos, valorizando as peculiaridades dos esportes, com histórias dos atletas mais marcantes em cada uma destas práticas.

Para saber mais sobre a plataforma e as diversas modalidades da Red Bull, no site [mundoredbull.globoesporte.globo.com].

Quem possui a maior torcida? A resposta é….

A 5ª Pesquisa LANCE!-Ibope de torcidas acendeu as discussões entre Atleticanos e Cruzeirenses mais uma vez sobre quem possui a maior torcida entre os mineiros, uma vez que a pesquisa apontou a torcida do Galo na frente da torcida celeste após várias pesquisas apontarem o inverso.

Para o IBOPE (2014), 12,1 milhões de mineiros são torcedores do Atlético (31,3%) e 27,4% são do Cruzeiro.

Destacam-se ainda outros 2,8 milhões de mineiros (13%) que apoiam pelo menos 15 clubes de outras regiões do país, sendo a maior força de paulistas e cariocas: Corinthians (4,4%); Flamengo (2,9%); Vasco (1,4%) e São Paulo (1,1%), sendo o estado com a maior diversificação de times "estrangeiros", o que pode ser explicado pelo tamanho do estado e suas divisas com estados onde o futebol é forte.

Já segundo levantamento do Datafolha, divulgado também em 2014, o Cruzeiro tem cerca de 3% do total da preferência dos entrevistados – praticamente mesmo número desta pesquisa do Ibope. O Atlético, por sua vez, é dono de 2%, de acordo com o instituto paulista.

Outra pesquisa realizada recentemente, em 2013, da Pluri Stochos Pesquisas e Licenciamento Esportivo, indicava a Raposa com 3,8% dos entrevistados. O Galo aparecia abaixo com 2,6%.

Já em relação aos últimos números divulgados pela Rede Globo (2013), sobre a distribuição de Pay-per-view, apontam o

Atlético em 3º lugar no ranking nacional de vendas, com 8,41%, atrás, apenas, de Flamengo e Corinthians. O Cruzeiro é o sexto no ranking com 7,25%.

E nas redes sociais? Ao analisarmos os números de curtidas na página oficial dos clubes no facebook, temos vitória cruzeirense, que é o sexto clube do Brasil em números de fãs com 2.247.487 curtidas, e o Galo é o oitavo com 2.101.730. A liderança é do Corinthians (9. 266.935), seguido pelo Flamengo (8.863.194).

Enfim, quem possui a maior torcida? Minha conclusão é que depende do critério, e que o mais importante do que o número de torcedores é como os clubes se relacionam com eles, com programas de relacionamento, conforto nos estádios, lojas oficiais e muito mais. Ambas as torcidas possuem um grande potencial de marketing para os clubes que se souberem trabalhar de forma profissional terão resultados melhores, inclusive fora das fronteiras do estado de Minas Gerais.

Onde está o patrocinador?

Quando o assunto é patrocínio principal, temos 5 clubes do Brasileião correndo atrás de uma marca para expor em sua camisa com metade do campeonato já passado.

Segundo levantamento do Jornalista Lucas Turco da ESPN, temos 25% dos clubes da série A sem um anunciante na parte mais nobre da camisa, enquanto nos campeonatos Alemão, Inglês, Espanhol e Italiano, oito das 78 equipes (10,2%) não possuem um patrocinador na cota master.

Bahia, Goiás, Palmeiras, Santos e São Paulo são os brasileiros "desfalcados", o mesmo número de italianos sem o principal patrocínio: Cesena, Lazio, Palermo, Roma e Sampdoria.

Na Espanha, são apenas três: Levante, Rayo Vallecano e Valencia, enquanto na Inglaterra e na Alemanha todos os clubes estão com patrocínios.

O estudo não aborda os clubes das séries B, C ou D, no Brasil, onde o cenário aparenta ainda pior. Este ano, o clube carioca Duque de Caxias que joga a série C chegou a estampar um "Anuncie aqui"em sua camisa na tentativa de atrair novos patrocinadores.

A semelhança entre os dois mercados fica por conta das fornecedoras de materiais esportivos. Tanto na Europa quanto no Brasil, a Nike é a empresa mais presente nos uniformes, tendo cinco representantes na primeira divisão brasileira e 20 nas principais ligas europeias.

A Adidas é a segunda companhia que mais investe na Europa, com 14 equipes parceiras, e também no Brasil, com quatro, mesmo número da Puma. Ao todo, 21 empresas diferentes fornecem materiais esportivos para os europeus e oito para os times do futebol nacional.

Já pensou em um endereço próprio e gratuito para encurtar URLs desenvolvido como ferramenta de marketing esportivo? Com a marca do seu clube? Que poderá gerar milhões de reais em receitas para o clube?

É exatamente isso que o Corinthians acaba de lançar em parceria com a agência digital Hello Sports. Ao acessar o endereço www.fiel.vc, o usuário poderá inserir qualquer link de conteúdo de internet para encurtar o número de caracteres.

Clube destacou projeto em sua camisa.

A ferramenta analisa o conteúdo e encurta a URL, gerando uma nova e reduzida, que pode ser compartilhada em redes sociais, sites, aplicativos de chats, etc. Ao clicar sobre o novo link, o usuário é redirecionado a um anúncio publicitário que, após alguns segundos, pode ser pulado e levado ao conteúdo. Estes anúncios publicitários serão vendidos para grandes anunciantes e o Corinthians terá participação sobre os valores gerados.

Criada a partir da plataforma Fut.Vc, a ferramenta busca gerar novos negócios e monetizar a marca do Timão no universo digital. Um negócio simples e com grande potencial de geração de receita. Segundo estimativa da própria Hello Sports, se 500 mil corinthianos utilizarem o fiel.vc por ano, os caixas do Parque São Jorge podem receber até R$ 4 milhões no período. E a julgar pelos quase 12 milhões de seguidores que o Corinthians agrega apenas em seus perfis de Facebook e Twitter, é possível projetar uma excelente arrecadação.

A melhor Copa de todos os tempos
A Copa acabou, e o Brasil venceu!

A expressão "Imagina na Copa" foi consagrada durante os anos em que o país se preparou para receber a vigésima edição da Copa do Mundo da FIFA por muitos que julgavam que o evento no Brasil seria um fracasso. Mas qual é o balanço final após a final?

A Copa do Mundo no Brasil acabou com dois campeões, a Alemanha dentro de campo, e o Brasil fora dele, organizando a melhor Copa de todos os tempos.

Podemos afirmar que vivemos durante este período a melhor Copa do Mundo de todos os tempos, segundo torcedores, turistas, veículos de comunicação e vários formadores de opinião, por exemplo, o jornal francês "L'Equipe", que se renderam à Copa do Mundo organizada pelo Brasil. O periódico destacou que a Copa no Brasil se enquadra como uma das melhores da era moderna e questiona se não superou até mesmo a de 1970, tida como referência em qualidade.

Já uma pesquisa feita pelo portal UOL, com 117 profissionais de imprensa, apontou que o Mundial 2014 foi considerado o melhor por 38,5% dos entrevistados, superando até mesmo a Copa na Alemanha, em 2006.

A Copa do Mundo no Brasil também bateu todos os recordes financeiros. Um estudo da Fipe/USP, indica que a Copa movimentou R$ 30 bilhões. A parte mais relevante, 88% do valor gerado, veio dos investimentos em infraestrutura, que envolveram R$ 25 bilhões. Os estádios também bateram recordes, com gastos feitos no Brasil de mais de R$ 8 bilhões para as doze arenas. A escolha de algumas sedes por critérios políticos e não futebolísticos são alguns dos poucos pontos negativos que ficarão, como os de Manaus, Natal e Cuiabá, que não são economicamente viáveis, e mesmo os outros vão demorar para se pagar.

Estudos iniciais indicam que a renda da Fifa ultrapassará a marca de US$ 4 bilhões, mais de US$ 800 milhões acima do que a entidade obteve na África do Sul em 2010, com investimentos aproximados de US$ 2 bilhões, segundo a entidade.

Para ter o direito de transmitir a Copa, redes de televisão pagaram um valor recorde para a Fifa: cerca de US$ 1,7 bilhão. Na final da Copa, em 2010, 530 milhões de pessoas assistiram a Espanha levantar o troféu, já este ano o número ultrapassou 1 bilhão de telespectadores em todos os cantos do planeta. No Brasil, mais de 14 mil jornalistas foram credenciados para o evento, outro recorde.

Mais de 11 milhões de pessoas enviaram seus pedidos para os 3 milhões de ingressos vendidos. Só para a final no Maracanã, a Fifa poderia ter preenchido cinco estádios com os pedidos que recebeu, outro recorde das Copas.

A Fifa garante que as seleções também ganham com a Copa. O prêmio ao vencedor foi de US$ 35 milhões é o maior já pago pela entidade. Outros US$ 323 milhões serão distribuídos para as outras 31 seleções. Até os clubes ganharão com a Copa. A Fifa reservou US$ 70 milhões para dar aos times que vão emprestar os jogadores para as seleções nacionais. O valor é duas vezes o que foi distribuído na última Copa.

Quem também comemorou foi a Adidas, uma das principais patrocinadoras do evento. A empresa prevê um aumento de sua receita em 8%, em 2014, graças ao torneio no Brasil. Em valores, isso representa um incremento de US$ 1,6 bilhão.

Os seis maiores parceiros da Fifa, incluindo Adidas e Coca-cola, pagaram mais de US$ 700 milhões para a entidade para ter o direito de explorar a marca da Copa e ter seus cartazes nos estádios, no Brasil, outro recorde.

Porém não são apenas os patrocinadores oficiais que ganharam com o evento. Segundo o Sebrae, cerca de 43 mil pequenos negócios lucraram R$ 500 milhões com o evento, como bares e restaurantes.

A preocupação com os aeroportos também foi colocada para escanteio com o início do evento. A pontualidade superou o padrão internacional durante a Copa. O índice médio de atraso de voos foi de pouco mais da metade dos 15% aceitos ao redor do mundo.

O número de estrangeiros também foi recorde. Apenas em junho, quando foi disputada a fase de grupos do Mundial, o Brasil recebeu 692 mil visitantes estrangeiros de 203 nacionalidades, segundo números da Polícia Federal. O número de turistas estrangeiros, em junho deste ano, superou em 132% o do mesmo mês de 2013, quando 298.156 visitantes estrangeiros ingressaram no país. Igualmente superou os 310 mil estrangeiros que foram ao Mundial da África do Sul em 2010. Os números foram engrossados principalmente pelos latino-americanos, que aproveitaram a curta distância e o bom desempenho de suas seleções. Mais de 70 mil argentinos foram ao Rio apoiar a seleção do país na final.

O governo calculava inicialmente que os 600 mil visitantes estrangeiros recebidos durante o Mundial gastariam no país cerca de US$ 3,5 bilhões. Pelas pesquisas, quem veio gostou do que viu e deve voltar, inclusive a Belo Horizonte, onde nosso pão de queijo encantou a todos.

Uma prévia da pesquisa realizada pela GMR Inteligência de Mercado, a pedido da Prefeitura do Rio, por meio da Secretaria de Turismo/Riotur, indica que a cidade foi aprovada com louvor no quesito hospitalidade. Entre os turistas estrangeiros, 98,8% dos entrevistados tiveram as expectativas atingidas ou superadas e 98,3% recomendariam o destino a parentes e amigos.

A cidade de São Paulo, por exemplo, esperava um ganho de R$ 700 milhões no setor de turismo, mas, antes das semifinais, já contabilizava mais de R$ 1 bilhão.

A Copa também ampliou a visibilidade do país e a possibilidade de novos negócios. Um estudo divulgado pela Mastercard destaca que a capital paulista deverá transformar-se no principal destino turístico na América Latina, em 2017, ultrapassando Buenos Aires e a Cidade do México.

Um dos legados da Copa cabe no bolso: os pré-pagos não ganharam espaço apenas nas ruas, mas também estiveram presentes nos estádios, onde puderam ser usados pela primeira vez para comprar alimentos e bebidas.

O mercado de trabalho também se beneficiou, com a contratação milhares de empregos durante a Copa, considerando a contratação de temporários e as horas extras pagas. Tendo aberto 48 mil empregos diretos, o turismo foi o setor mais beneficiado com a Copa.

A Copa 2014 foi a mais conectada da história. Só o Facebook registrou o recorde de mais de um bilhão de comentários sobre o tema. Em termos quantitativos, no entanto, essa exposição pode ser medida imediatamente pelo Google. Ao longo da Copa, foram mais de dois bilhões de pesquisas sobre o assunto e mais de 60 *doodles*, os desenhos da página inicial do buscador, relativos ao Mundial.

O jogo Brasil e Alemanha teve 35,6 milhões de mensagens no Twitter, um recorde absoluto em qualquer esporte. Nos jogos das quartas de final, o público postou 11 mil fotos por minuto durante a partida. Mesmo com esse tráfego intenso, a hipótese de um apagão de dados que impediria o envio de imagens pelos celulares e prejudicaria até as transmissões para outros países não se confirmou, como tantas outras.

A Copa do Brasil foi a primeira transmitida com a tecnologia 4K, que quadruplica a definição das transmissões atuais em HD, testado pela japonesa Sony durante o evento. A Fifa autorizou a captação de imagens em 4K de três jogos, incluindo a final.

Podemos afirmar que o Brasil venceu o desafio e proporcionou ainda mais orgulho ao povo brasileiro, e nem preciso destacar que estou falando dos resultados fora do campo, pois o Hexa nós já sabemos que ficou adiado para 2018.

Quem é o patrocinador do seu clube?

A 5ª Edição da pesquisa do jornal LANCE!-IBOPE sobre o comportamento do torcedor brasileiro revelou que 56,6% dos torcedores abordados não conseguem citar sequer uma marca patrocinadora dos clubes brasileiros.

Foi constatado, ainda, que as marcas com mais tempo junto aos clubes, como BMG (Atlético Mineiro), Unimed (Fluminense) e Banrisul (Internacional e Grêmio), são as que atingiram maiores índices de percepção.

Entre os motivos para estes resultados, destaca-se o trabalho, estão fatores como contratos curtos de patrocínio; clubes com uniformes poluídos pela exposição excessiva e escassez de projetos de construção de marca conjunta, envolvendo vários players com relacionamento mais próximo ao torcedor, além do uniforme e TV.

Em percentuais de lembrança, a liderança é da parceria BMG – Atlético Mineiro, com 38%. Em seguida, vem a da Unimed – Fluminense, com 34,4%; o Banrisul investe nos dois rivais gaúchos, ficando com 32,6% de lembrança com o Internacional e 31,4% com o Grêmio.

O BMG, que também aposta nos dois principais clubes mineiros, reaparece com 30,4% nas camisas do Cruzeiro. Depois vem a Guaraviton, com 20,4% por sua parceria com o carioca Botafogo. Na sequência, vem a Caixa com o Corinthians, 18,8%, e com o Vasco, 15%.

A Adidas aparece com o Flamengo (14,2%) e Palmeiras (12,2%), a LG com o São Paulo (9,2%) e novamente o BMG, com o Santos, 8,5%. Foi identificado que os torcedores dos grandes clubes têm ínfima lembrança sobre os patrocinadores. Alguns, quando lembram, mencionam antigas parcerias como a da Parmalat com o Palmeiras (10,3% de lembrança entre os alviverdes), que terminou há mais de uma década.

De nove dos 12 principais clubes brasileiros, os próprios torcedores não souberam citar nenhum patrocinador. O ranking dos sem lembrança tem São Paulo e Santos empatados com 61,1% na liderança, seguidos por Flamengo, com 58,9%; Corinthians, com 57,9%; Vasco, com 57,3%; Botafogo e Palmeiras, com 55,9%; Grêmio, com 51,7%, Cruzeiro, com 51,6%; Fluminense, com 48,8%; Internacional, com 42,5%, e Atlético MG, com apenas 38,8%.

Como referência para nossos gestores de marketing apresenta-se pesquisa realizada na Alemanha, pela Octagon – agência global especializada em esportes, entretenimento e marketing – que apresenta resultados interessantes, principalmente se comparados aos brasileiros. Isso porque mostra que entre os alemães interessados por futebol, há uma forte ligação entre patrocinadores e clubes de futebol locais. Entre aqueles que têm um time pelo qual torce no campeonato, cerca de 88% sabia apontar a marca de carros parceira do clube. Neste caso, vale citar, Bayern de Munique e Audi foram os mais lembrados.

Em relação a pesquisa brasileira foram entrevistadas mais de sete mil pessoas em todos os estados do país. Como comparação, pesquisas eleitorais de abrangência nacional são realizadas com cerca de três mil pessoas.

Veja a seguir os rankings das parcerias mais lembradas e dos times sem lembrança:

Lembrando a MARCA

Parceria Atlético-MG e BMG é a mais lembrada pelos torcedores dos principais clubes brasileiros

Clube	Marca	Índice de Lembrança (em %)
Atlético-MG	BMG	38,0
Fluminense	Unimed	34,4
Internacional	Banrisul	32,6
Grêmio	Banrisul	31,3
Cruzeiro	BMG	30,4
Botafogo	Guaraviton	20,3
Corinthians	Caixa	18,8
Vasco	Caixa	15,0
Flamengo	Adidas	14,2
Palmeiras	Adidas	12,2
São Paulo	LG	9,2
Santos	BMG	8,5

22%

é a média das marcas mais lembradas aos clubes pelos torcedores brasileiros

SEM Lembrança

São Paulo e Santos têm o índice mais alto entre os torcedores que não souberam citar um patrocínio do time

Clube	Não sabe (em %)
São Paulo	66,1
Santos	66,1
Flamengo	58,9
Corinthians	57,9
Vasco	57,3
Botafogo	55,9
Palmeiras	55,9
Grêmio	51,7
Cruzeiro	51,6
Fluminense	48,8
Internacional	42,5
Atlético-MG	38,8

56,6%

é a média de torcedores que não souberam citar ao menos uma marca patrocinadora de seu clube

Dinheiro na mão é vendaval

Em mais uma edição da sua análise anual das finanças no futebol, o Itaú BBA, um dos braços do banco Itaú Unibanco, detonou a gestão dos clubes brasileiros. Em um estudo de mais de 160 páginas, divulgado nesta semana, o banco privado avaliou como foi o ano de 2013 para os 20 times da Série A do Brasileiro (mais Vasco, Portuguesa e Ponte Preta) e fez duras críticas aos dirigentes que comandam as equipes.

Para começar, "Dinheiro na mão é vendaval" é o título do texto, que já foi mais otimista nos anos passados (2011: "Como o mundo das finanças enxerga o futebol"; 2012: "Clubes apresentam evolução econômico-financeira"; 2013: "Não falta dinheiro").

Para cada um dos 23 clubes, o Itaú deu um título para resumir o balanço, utilizando as demonstrações contábeis de cada um e considerando também acontecimentos mais recentes.

Logo na introdução, a Área de Crédito do Itaú BBA, setor responsável pela pesquisa, diz que os cartolas do futebol brasileiro não deram atenção para as categorias de base, que só pensaram na torcida durante a administração e ainda fala que gastaram muito mal – um dos exemplos citados foi o do São Paulo, que tem na folha de pagamento seis laterais esquerdos (Álvaro Pereira, Clemente Rodriguez, Carleto, Cortez, Reinaldo e Henrique Miranda). O clube do Morumbi é ainda classificado como na "vala comum".

"Completando este cenário, vários clubes continuaram a utilizar velhas práticas de gestão financeira do Futebol, como atraso de contribuições e impostos relacionados aos salários dos atletas, o que de certa forma se constitui numa vantagem financeira em relação aos clubes que pagam em dia", afirma o estudo.

"Os clubes precisam reforçar investimentos nas Categorias de Base, captando melhor, orientando melhor, retendo mais e colocando-os para atuar, pois esta é uma alternativa substancialmente mais barata e de melhor solução financeira para o clube. Parafraseando Keynes, a manter este padrão de gestão, no longo prazo os clubes estarão todos mortos".

Veja abaixo, os títulos para o resumo do ano de cada equipe e as perspectivas projetadas pelo banco para este ano, que está quase no final.

Atlético-MG: Nem tudo que reluz é ouro

"2014 tende a ser bastante difícil. Pode conseguir alguma receita adicional com o Estádio novo, mas precisará recorrer a venda de atletas e reduzir custos se quiser diminuir o esforço para fechar suas contas".

Cruzeiro: Os Caçadores estão chegando

"O clube manteve sua base, seu treinador, fez mais alguns investimentos e possivelmente aposta na força da torcida e na obtenção de resultados esportivos para sustentar sua estratégia. Não dá para saber até quando isto funcionará, mas sempre há chance do castelo de cartas ruir a qualquer momento. Esportivamente tem chances elevadas de sucesso em 2014, como vemos até o momento no Campeonato Brasileiro".

Corinthians: Encantador de Serpentes

"É possível que tenha que reduzir investimentos, seja mais eletivo e busque redução de custos. Já faz muita receita recorrente, de forma que é um movimento mais fácil de fazer que clubes com receita bem menores. Em contrapartida, em breve iniciará os pagamentos da dívida no Arena Itaquera, e isto consumirá parte importante das receitas com Bilheteria, retirando ainda mais dinheiro do Futebol. A realidade é sempre mais difícil do que se imagina, ou se vende".

São Paulo: Na vala comum

"Clube que gera muito mas gasta muito e mal, o São Paulo precisa rever sua gestão esportiva e financeira, afinal, além de não conquistar títulos ainda deteriora seus números e sua saúde financeira. Não é à toa que vimos na mídia informações sobre novas antecipações de cotas de TV, necessidade de venda de atletas para fechar as contas de 2014 e supostos atrasos de salários. Costuma não acabar bem".

Palmeiras: As aves aqui não mais gorjeiam

"Considerando que o clube continua sem patrocínio master, que as demais receitas permanecem estáveis, e que o clube não é um grande vendedor de atletas, resta ajustar os custos para tentar fazer com que sobre mais dinheiro no caixa. Mas é Ano do Centenário, e na avaliação equivocada dos dirigentes, em anos assim o clube precisa vencer mais que em outros. Resultado esperado é aumento dos custos, política descontrolada de gastos e mais problemas no futuro.

O Palmeiras se mantém no círculo vicioso e 2014 tem todos os ingredientes para ser mais um ano difícil em termos financeiros. Até quando o presidente colocará dinheiro no clube?".

Santos: A canoa virou

"O Santos sai da condição de clube equilibrado, com gestão financeira cuidadosa e passa a ingressar o rol de clubes com gestão de Torcedor. O resultado é gastar mais do que deveria, elevar custos sem contrapartida de Receitas recorrentes e, consequentemente, elevar endividamento e colocar em risco seu fluxo de caixa. Não parece nada saudável o caminho que o clube adotou. 2014 tende a ser ainda pior".

Flamengo: Nadando contra a maré

"Com investimentos limitados o clube fica distante de ter um elenco com muitas alternativas. Vai ter que continuar utilizando as categorias de base, tradicionalmente forte reveladora de talentos, e usar de contratações cirúrgicas para manter um elenco minimamente competitivo. O difícil, além de lidar com uma torcida que quer sempre títulos, é competir contra clubes que ainda se utilizam das velhas práticas de gestão esportiva".

Fluminense: A independência necessária

"É sempre difícil falar do Fluminense em função das ações tomadas pela Unimed e que não transitam pelo balanço do clube. Do que vemos temos um clube mais redondo, aparentemente mais organizado. Mas que precisará começar a pensar em caminhar com as próprias pernas. Hoje, se isto fosse uma necessidade, o clube se colocaria numa situação bastante inferior à vista nos últimos anos".

Botafogo: A luz no fim do túnel é de um trem

"As piores possíveis. O Botafogo terá que buscar alternativas de receita cada vez mais difíceis, certamente vai onerar ainda mais seu futuro com adiantamentos e se não fizer um corte de custos profundo, encontrará o trem pela frente".

Vasco: Não há terra a vista

"O ano de 2014 tende a ser muito difícil para o Vasco. O clube carrega o peso de anos de dívidas acumuladas e da necessidade de atender aos anseios de uma das maiores torcidas do Brasil. Como equilibrar isto? Esta é o enigma da nau. Acreditamos em outro ano difícil e que será sucedido por outros anos difíceis".

Internacional: Acabou-se o que era doce

"A situação apresentada para início de 2014 não é confortável. Há mais desafios e menos gordura para queimar. O clube precisará apertar os custos se quiser voltar a viver uma situação confortável em termos financeiros, além de continuar a constante busca de atletas para serem vendidos. A vida do Internacional não deve ser fácil em 2014".

Grêmio: Avalanche

"Nada animadoras. Não há sinal de que as receitas devem crescer, mas os Custos são de longo prazo. Ainda há a necessidade de pagar o que ficou de 2013. Logo, 2014 tende a ser um ano de dificuldades financeiras caso não tenha conseguido enxugar os Custos".

Onde está o torcedor brasileiro?

Imagine gerenciar uma casa de shows, uma companhia aérea ou um cinema onde você consegue vender apenas 39% dos seus ingressos. O que você faria?

Este número é real quando o assunto é a média de ocupação dos estádios brasileiros na série A, onde a média de público é pouco superior aos 15 mil torcedores. Ou seja, nossos estádios possuem em média 61% das cadeiras vazias em todos os jogos.

O Campeonato Alemão teve média de mais de 43 mil torcedores por jogo na última temporada. Já o Campeonato Inglês teve em média 36.591 torcedores por jogo. Levantamento da Pluri Consultoria apresenta números de deixar qualquer clube brasileiro na segunda divisão quando o assunto é ocupação de suas arenas.

O estudo destaca que o clube alemão Borussia Dortmund possui em média 100% de ocupação em seus jogos como mandante, superando 80 mil torcedores por jogo. Atrás do Borussia vem o Manchester United com ocupação máxima e superior aos 75 mil torcedores.

Para apresentar o desafio dos gestores brasileiros uma pesquisa do IBOPE Inteligência em parceria com o jornal Lance! destaca que 90% dos brasileiros não tem o costume de acompanhar seus times no estádio, sendo que entre as mulheres esse percentual sobe para 94%. Já entre os homens é de 84%.

Por idade, os que mais frequentam os estádios são os jovens: 14% dos que têm idade entre 16 e 24 anos costumam ir ao estádio para ver seu time.

A pesquisa também mostra que há diferença nas regiões do país. Os moradores do Sudeste e do Nordeste são os que mais vão aos estádios: 11% dos torcedores de cada uma dessas regiões. No Sul, esse percentual é de apenas 8%.

Renda também é um diferenciador. O costume de ir aos estádios é mais comum entre os que têm renda familiar acima de 10 salários mínimos (21%). Dos torcedores com renda familiar entre 5 e 10 salários mínimos, 17% têm esse costume, percentual que cai para 11% entre os com renda entre 2 e 5 salários mínimos.

O percentual de torcedores que vão aos estádios assistir partidas oficiais é menor que a parcela dos que costumam ir a campos de várzea ver jogos de times amadores, que é de 13%.

O futebol brasileiro precisa atuar na primeira divisão do futebol profissional, com um plano de relacionamento com os torcedores, entretenimento ampliado nas arenas, ações de merchandising e ativação dos patrocinadores, segurança e conforto.

A dupla de craques predileta do mercado publicitário

O uso de celebridades nas campanhas de mídia é uma estratégia cada vez mais utilizada pelas marcas e, por isso, o IBOPE Repucom mapeou a atuação das figuras públicas na publicidade.

Segundo o estudo Easy Celebridades, do IBOPE Media – que monitora a aparição de celebridades na TV aberta –, das duas mil marcas veiculadas no período pesquisado, 221 (11%) utilizaram celebridades, respondendo por 17% do total de investimento publicitário.

O levantamento, de janeiro a agosto deste ano, na Grande São Paulo, também listou também quais foram as 15 celebridades nacionais que mais endossaram marcas na telinha durante o período.

Nesta seleção destacam dois jogadores de futebol: em primeiro lugar na lista o jogador Neymar que apareceu em propagandas de oito marcas diferentes.

Logo após, destaque para o fenômeno Ronaldo, que veiculou 5 comerciais.

Ainda de acordo com o estudo, as campanhas com esportistas corresponderam a 25% das veiculações do período analisado, sendo que 1/3 das marcas, ao escolherem uma celebridade, preferiu um esportista.

Os atletas com maior potencial de marketing esportivo no Brasil

Um estudo inédito no Brasil desenvolvido pela Nielsen Sports apontou o atleta com maior potencial de marketing no Brasil. Chamada de N-Score, a metodologia já era utilizada com celebridades e atletas dos Estados Unidos e chega ao Brasil primeiramente com o esporte.

A primeira pesquisa, feita com mil pessoas, considerou 50 atletas, selecionados entre um estudo com nomes respondidos espontaneamente e uma seleção feita entre olímpicos, paraolímpicos e nomes fortes do esporte nacional, como Bob Burnquist e Gabriel Medina.

O número 1 da pesquisa é o meia Kaká, deixando em Segundo lugar segundo lugar atacante Neymar. David Luiz, Cesar Cielo e Thiago Silva completaram as cinco primeiras colocações respectivamente.

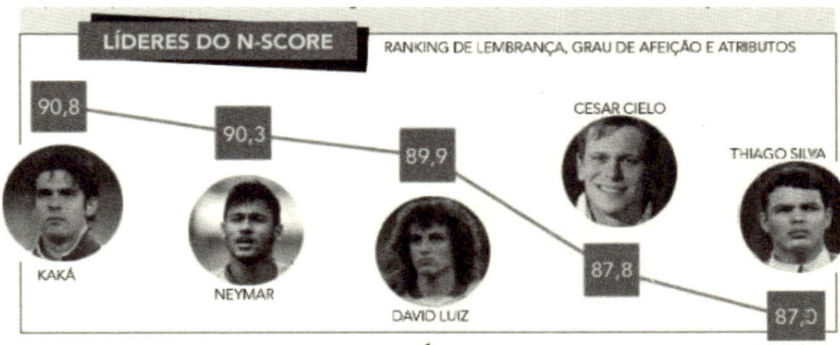

1

O pódio de Kaká, à frente de Neymar, pode ser explicado por sua presença no futebol brasileiro, enquanto o ex-santista joga na Espanha. Além disso, a presença do atleta de natação Cesar Cielo entre os boleiros traz a importância que o atleta ganhou com suas medalhas e recorrentes primeiros lugares e recordes mundiais. Como consequência, o nadador fez diversas propagandas na televisão.

Marketing esportivo para universitários

Clube cria programa para se aproximar de universidades

Um programa para estreitar o relacionamento com o público universitário, ampliar a visibilidade do clube e de seus patrocionadores. Este é o objetivo do Embaixadores da Colina, programa de marketing lançado pelo Vasco da Gama. O clube procurou as diretorias de centros acadêmicos e atléticas de dez faculdades e realizou um processo seletivo com estudantes. Aqueles que melhor se saíram nas entrevistas foram escolhidos para representar o time em ambientes acadêmicos.

O clube tem dois objetivos centrais com o projeto. Um é entrar em contato com o universo jovem, com a realização de pesquisas e ações de marketing no ambiente universitário, além de tornar esse público mais acessível a potenciais patrocinadores. O outro é atrair um público mais jovem ao clube.

"Nós vimos em pesquisa que a torcida do Vasco é a que menos tem crescido entre os mais jovens. E esse público jovem, universitários, tem um poder de persuasão muito grande dentro de suas casas, entre seus irmãos, sobrinhos", explicou Bernardo Pontes, gerente geral de marketing do Vasco a Máquina do Esporte.

O projeto surgiu com a consultoria de uma empresa de comunicação, a República, mas o departamento de marketing do clube carioca assumiu toda a gestão do programa. Cada embaixador ficará em uma das dez instituições selecionadas, consideradas as melhores do Rio de Janeiro: CEFET, ESPM, FGV, IBMEC, PUC, UERJ, UFF, UFRJ (Fundão e Praia Vermelha) e UVA.

DIREITOS E DEVERES DOS EMBAIXADORES

- Zelar pela imagem e pelo bom nome do Vasco da Gama;
- Realizar pesquisas e sondagens na instituição;
- Organizar palestras e seminários sobre assuntos relacionados ao clube;
- Utilizar o Vasco como tema de trabalhos acadêmicos;
- Aumentar o número de sócios e inscritos no Cadastro Vascaíno;
- Organizar grupos para ir a jogos em São Januário e outros estádios;
- Apoiar campanhas sociais em nome do clube;
- Disseminar a marca Vasco através de seeding nas redes sociais;
- Inserir o Vasco no cotidiano dos alunos.

EMBAIXADORES
— DA COLINA —

Cada embaixador tem que ter influência em sua faculdade e ter um bom conhecimento do Vasco e de sua história. Dentro da universidade, sua função vai de organizar palestrar a organizar grupos de torcedores em jogos do time. Uma boa iniciativa que pode ser desenvolvida por outros clubes brasileiros.

Futebol Fast Food

Já pensou em assistir um jogo do seu time e após o jogo ir ao restaurante do clube para comemorar mais uma vitória?

Com o objetivo de fortalecer a marca do clube, ampliar o relacionamento com os torcedores e gerar mais receitas os clubes de futebol do Brasil começam a investir em novas fontes de receitas para fortalecer o orçamento do clube.

Os dois primeiros exemplos no Brasil podem ser encontrados no Palmeiras e no Grêmio. O primeiro a entrar em campo nesse segmento foi o Grêmio, que inaugurou recentemente sua rede com o nome de Hamburgueria 1903. Com as cores preto, azul e branco em destaque a Hamburgueria 1903, loja de estreia do que se pretende vir a ser uma inédita rede de fast-food associada a clubes de futebol.

A Hamburgueria 1903 – nome que remete à data de fundação do Grêmio – teve concepção, cardápio, embalagens, mobiliário e comunicação visual desenvolvidos para estar identificado com o clube. As lojas terão vídeos transmitindo a programação da TV Grêmio.

O investimento médio previsto nas franquias é de R$ 500 mil por loja fixa e R$ 100 mil pela itinerante, que poderá ser levada a estádios ou instalada em praças.

O segundo a entrar em campo foi o Palmeiras ,que acaba de anunciar a franquia de uma rede de restaurantes no segmento fast-food chamada Cantina Palestra. A especiliadade será a comida italiana e as lojas devem ser espalhadas pelos shoppings de todo o Brasil, embora exista a possibilidade de que essas instalações também possam ser montadas em áreas comerciais urbanas.

As duas franquias são gerenciadas pela SportFood, com iniciativa da Pluri Consultoria que se associou à Cherto, especializada no planejamento e implantação de redes de franquias, para formar a SportFood. O modelo de lanchonete temática licenciada pelas equipes prevê sua expansão através de franquias e pode ser replicado para qualquer time. Mais uma grande oportunidade para os clubes mineiros, campeões dentro de campo e na segunda divisão quando o assunto é marketing esportivo.

Por trás do novo negócio está a soma de dois números imensos: o potencial de consumo de 160 milhões de torcedores, que somam um rendimento mensal de R$ 143 bilhões, e o mercado brasileiro de alimentação fora de casa, estimado em torno dos R$ 300 bilhões ao ano.

Mais informações: http://www.sportfood.com.br

Uma rivalidade que precisa virar parceria

Cruzeiro e Atlético dominaram o futebol brasileiro em 2014. Pela primeira vez realizaram a final da Copa do Brasil, a primeira final entre rivais de um mesmo estado fora do eixo Rio-São Paulo na história de uma competição nacional.

O Galo faturou o título, enquanto o Cruzeiro levantou seu quarto troféu do Campeonato Brasileiro. Juntos, Cruzeiro, atual bicampeão nacional e Atlético, campeão da Libertadores de 2013 e da Copa do Brasil deste ano, contam com uma torcida de cerca de 13 milhões de pessoas, segundo dados de pesquisa do LANCE!-Ibope divulgada em 2014 e somam mais de 13% das assinaturas de pacotes do pay per view, serviço de compras de partidas do Campeonato Brasileiro na televisão.

Os rivais estão no topo do ranking de sócios torcedores do Movimento Por Um Futebol Melhor, a Raposa em terceiro, com 66.537 adesões, e o Galo em nono, com 33.213.

Porém, neste cenário de conquistas, um fato que também chama a atenção dos rivais nacionais, da mídia e dos patrocinadores é a picuinha dos rivais envolvendo o relacionamento e as ações de marketing entre os clubes.

Na final do troneio nacional, o Galo quebrou um acordo para que não houvesse torcida visitante no clássico mineiro, pediu sua cota para o duelo de volta, de mando cruzeirense, no Mineirão e irritou o adversário, que por sua vez tentou elevar os preços das entradas para os visitantes a R$ 1.000, sendo impedido de fazê-lo pelo Ministério Público.

Um claro exemplo do que não deve ser feito por dois clubes rivais que almejam se fortalecer além de suas fronteiras, explicou ao portal da **ESPN.com.br** o diretor de marketing do Cruzeiro, Marcone Barbosa, palestrante do curso Master em Marketing Esportivo com ênfase em Futebol, organizado durante os meses de novembro e dezembro deste ano, em São Paulo.

"Em alguns momentos, essa rivalidade do campo é trazida pros negócios e isso nunca é uma boa receita. Quando a disputa esportiva vai pros bastidores você acaba tendo prejuízo, em alguns momentos ganha uma batalha, em outros, perde. Isso não traz lucro, sempre acaba tendo uma parte prejudicada."

"O bônus dessa rivalidade seria ter uma cobertura maior de toda grande mídia quando se tem dois times com grande performance esportiva, atraindo atenção de torcedores novos. Em um momento como esse, o mercado fica mais aquecido, propenso a ter um número maior de possíveis patrocinadores interessados em investir na sua marca. Quando você tem um rival de grande porte e disputa com ele os principais títulos, aumenta o seu nível de exposição de forma considerável", diz Barbosa.

Mas os grandes mineiros não parecem aproveitar seu potencial como poderiam. Ambos contam, por exemplo, com o mesmo patrocinador, o Banco BMG, mas em nenhum momento negociaram lado a lado pelo valor recebido. O BMG já comunicou que não renovará os contratos.

Os gestores precisam entender de uma vez que a rivalidade existe dentro de campo e para os torcedores. Na gestão profissional, ações em conjunto são importantes para o fortalecimento das marcas e o aumento das receitas.

Clubes brasileiros na segunda divisão entre os mais ricos

A última edição do ranking divulgado pela "Delloite", que faz um levantamento para saber quais são os clubes mais ricos do mundo, aponta o Real Madrid com a hegemonia no quesito financeiro, estimado num valor de € 549.5 milhões (aproximadamente R$ 1.66 bilhão).

Quem segue na cola da equipe madrilenha é o Manchester United, que subiu duas posições, com relação ao ranking divulgado em 2014, e foi avaliado em € 518 milhões (cerca de R$ 1.564 bilhão).

Três equipes conquistaram um espaço entre as top 20 após não aparecer no último ranking. Napoli (16º), Newcastle (19°) e Everton (20°) figuram entre os mais ricos, com destaque para a equipe italiana, que aparece uma posição à frente do Inter de Milão.

Antes da Copa, a previsão dos especialistas era de que o Corinthians deveria entrar nos próximos anos para o grupo de elite do futebol mundial, passando a estar entre os 20 mais ricos do mundo. A diferença entre o vigésimo colocado – o Atlético de Madrid – e o time de Parque São Jorge era de menos de 7 milhões de euros. São Paulo e Flamengo também poderiam começar a disputar as principais posições.

A aposta, porém, teria sido frustrada diante da estagnação da economia brasileira e pelo câmbio desvalorizado do real. Segundo a Deloitte, outro fator que não conseguiu ainda impulsionar a renda dos clubes nacionais foi justamente o impacto dos novos estádios para a Copa do Mundo. A esperança era de que os investimentos em estádios, no Brasil, antes da Copa incrementassem as bilheterias de jogos. Mas a consultoria aponta que esse efeito pode levar algum tempo para ser sentido.

Da 24ª posição, em 2013, o Corinthians caiu para o grupo dos 50 maiores, assim como o Flamengo. No caso do São Paulo, o clube aparece entre os 60 mais ricos. Hoje, clubes com um futebol modesto, como o Swansea City ou o Stoke City, têm rendas superiores ao Corinthians. Eles somaram rendas acima de 117 milhões de euros. O Atlético de Madri, que estava encostado ao time paulista, em 2013, hoje soma 169 milhões de euros.

A Deloitte aponta uma concentração crescente da renda do futebol apenas em cinco ligas – Espanha, Inglaterra, França, Alemanha e Itália. Dos 20 times mais ricos do mundo, o único intruso é o Galatasaray.

Um dos fatores que pesa é a renda com pacotes de transmissão e acordos comerciais, e não apenas a bilheteria dos estádios. Graças às vendas de direitos de transmissão os 20 clubes ingleses estão todos entre os 40 maiores clubes do mundo. Entre os 20 maiores clubes, oito são ingleses, entre eles o Newcastle United e Everton.

Confira a lista dos 20 clubes mais ricos do mundo:

1 – Real Madrid (ESP): € 549.5 milhões
2 – Manchester United (ING): € 518 milhões
3 – Bayern de Munique (ALE): € 487.5 milhões
4 – Barcelona (ESP): € 484.6 milhões
5 – Paris Saint-Germain (FRA): € 474.2 milhões
6 – Manchester City (ING): € 414.4 milhões
7 – Chelsea (ING): € 387.9 milhões

8 – Arsenal (ING): € 359.3 milhões
9 – Liverpool (ING): € 305.9 milhões
10 – Juventus (ITA): € 279.4 milhões
11 – Borussia Dortmund (ALE): € 261.5 milhões
12 – Milan (ITA): € 249.7 milhões
13 – Tottenham (ING): € 215.8 milhões
14 – Schalke 04 (ALE): € 213.9 milhões
15 – Atlético de Madrid (ESP): € 169.9 milhões
16 – Napoli (ITA): € 164.8 milhões
17 – Inter de Milão (ITA): € 164 milhões
18 – Galatasaray (TUR): € 161.9 milhões
19 – Newcastle (ING): € 155,1 milhões
20 – Everton (ING): 144.1 milhões

Super Bowl: um Touchdown de marketing e publicidade

Fevereiro começou com milhões de telespectadores ligados na final do Super Bowl 2015, dentre eles muitos brasileiros que a cada dia ficam mais ligados no futebol da bola oval.

Fãs que se debruçam na frente da televisão não somente para ver um esporte pouco conhecido entre nós, mas para apreciar todo o show que o evento proporciona. E é de olho neste torcedor que a NFL e as redes de televisão trabalham para vender o espetáculo para o consumidor.

O futebol americano não é somente um jogo, é um negócio rentável. O evento envolve milhões de espectadores por todo o globo, shows musicais, gastronomia, festa e bilhões de dólares em comerciais. O Super Bowl possui o segundo publicitário mais caro no mundo, segundo o Ibope Repucom.

A transmissão da final com mais de três horas, sendo 47 minutos de propagandas geraram mais de US$ 2,19 bilhões (R$ 5,8 bilhões), entre 2005 e 2014, para as emissoras de TV, segundo a empresa de consultoria Kantar Media.

Em 2015, cada anúncio no horário mais procurado, no intervalo, custou US$ 4,5 milhões (R$ 11,6 milhão). Um estudo da empresa de consultoria Rocket Fuel aponta, no entanto, que os anúncios durante o jogo não rendem aumento imediato nas vendas, mas outras análises revelam que colocar inserções comerciais durante a transmissão, torna as marcas mais conhecidas junto ao público.

Em um levantamento da pesquisa do Repucom, 3,6% da população afirmou ser fã da modalidade no último ano, um número três vezes maior em relação a 2013, quando 1,2% fizeram a mesma afirmação. Este aumento representa a existência de mais de 3,3 milhões de interessados pelo esporte no Brasil.

Dentre os vários comerciais desta edição, destaco o anúncio do **Cãozinho da Budweiser**. A marca voltou a apostar na fórmula que fez sucesso em 2014 e mostrou mais uma aventura do filhote de cachorro e do cavalo que se tornaram amigos inseparáveis.

Em tempo, no Super Bowl XLIX, o campeão de 2014 Seattle Seahawks foi derrotado pelo New England Patriots, que conquistou seu quarto título da NFL ao vencer por 28 a 24. O quarterback Tom Brady, marido da supermodelo brasileira Gisele Bündchen, liderou a conquista com passes para quatro touchdowns, que o levaram a 13 passes decisivos em Super Bowls, melhor marca da história da decisão da liga profissional de futebol americano, além de 37 passes completados, outro recorde da partida.

Os campeões do "pay per view"

Detentora dos direitos de transmissão do Brasileirão, a TV Globo repassará R$ 300 milhões a serem divididos pelos clubes em 2015. Esse dinheiro é referente à venda de pacotes de pay-per-view em 2014, e distribuído a partir de pesquisa realizada pelo Ibope em conjunto com a Datafolha entre os meses de junho e julho de 2014, com cerca de 10 mil entrevistados, que asseguraram a manutenção de Flamengo e Corinthians na frente, com praticamente um terço de toda a receita.

Juntos, os dois clubes receberão R$ 84 milhões, de acordo com documento enviado pela Globo aos representantes dos times e obtido pelo ESPN.com.br.

O levantamento destaca ainda o crescimento da dupla mineira, Cruzeiro e Atlético, melhores times do País em 2014, que ultrapassouo São Paulo, dono da terceira maior torcida entre os brasileiros. O Grêmio também está melhor que o tricolor paulista e fecha o top 5 de clubes que mais vão receber da emissora.

A Globo vai repassar os valores para os clubes em duas parcelas de 50%, cada: a primeira em 28 de fevereiro e a segunda em 31 de março, informa a reportagem.

Ao todo, 1.825 mil domicílios foram consultados pelos institutos de pesquisa para que fosse definido o rateio do pay-per-view. Cruzeiro e Bahia foram as equipes que mais cresceram na comparação com 2013 enquanto que o Vasco, que passou a última temporada na Série B, acabou sendo o que sofreu a maior queda.

Segundo dados da Globo, o crescimento da base de assinantes deve ser de 15% em 2015. Veja quanto cada clube vai receber da Globo pelo direito de transmissão em PPV

RANKING DOS 18 CLUBES CEDENTES

MÉDIA DATAFOLHA E IBOPE

Ranking Cresc	Ranking 2014	Clubes	UF	% Pesquisa 2014	% Pesquisa 2013	Dif (pp)
⇨ 0	1º	Flamengo	RJ	15,2%	14,6%	0,52
⇨ 0	2º	Corinthians	SP	12,8%	12,7%	0,16
⇧ 3	3º	Cruzeiro	MG	8,2%	7,3%	0,90
⇩ -1	4º	Atlético Mineiro	MG	7,7%	8,4%	- 0,73
⇧ 2	5º	Grêmio	RS	7,2%	6,8%	0,36
⇩ -1	6º	São Paulo	SP	6,7%	7,5%	- 0,83
⇩ -3	7º	Vasco	RJ	6,7%	8,3%	- 1,57
⇧ 1	8º	Palmeiras	SP	5,8%	5,6%	0,35
⇩ -1	9º	Fluminense	RJ	5,8%	6,0%	- 0,20
⇨ 0	10º	Internacional	RS	5,6%	5,5%	0,15
⇨ 0	11º	Botafogo	RJ	3,8%	3,8%	- 0,04
⇧ 1	12º	Bahia	BA	3,7%	3,0%	0,69
⇩ -1	13º	Santos	SP	3,5%	3,8%	- 0,28
⇨ 0	14º	Vitória	BA	2,3%	2,6%	- 0,28
⇨ 0	15º	Coritiba	PR	1,6%	1,4%	0,14
⇨ 0	16º	Sport	PE	1,5%	1,2%	0,32
⇨ 0	17º	Atlético Paranaense	PR	1,3%	1,0%	0,13
⇨ 0	18º	Goiás	GO	0,7%	0,5%	0,15

Fonte: Ibope/Datafolha

RANKING   PREMIERE | GLOBOSAT

1º) Flamengo – R$ 45,4 milhões
2º) Corinthians – R$ 38,4 milhões
3º) Cruzeiro – R$ 24,4 milhões
4º) Atlético-MG – R$ 23 milhões
5º) Grêmio – R$ 21,5 milhões
6º) São Paulo – R$ 20,1 milhões
7º) Vasco – R$ 20 milhões
8) Palmeiras – R$ 17,7 milhões
9) Fluminense – R$ 17,3 milhões
10) Internacional – R$ 16,7 milhões
11) Botafogo – R$ 11,5 milhões
12) Bahia – R$ 11,1 milhões
13) Santos – R$ 10,4 milhões
14) Vitória – R$ 6,8 milhões
15) Coritiba – R$ 4,7 milhões
16) Sport – R$ 4,4 milhões
17) Atlético-PR – R$ 3,7 milhões
18) Goiás – R$ 2 milhões

Sempre rivais, nunca inimigos. Uma disputa sadia. Um aperto de mão.

Do futebol paranaense vem um bom exemplo para os demais gestores do futebol brasileiro. Os presidentes do Atlético Paranaense, Mario Celso Petraglia, e do Coritiba, Rogério Portugal Bacellar, realizaram uma entrevista coletiva em conjunto para anunciarem ações integradas e para pediram paz no clássico, além de prometeram manter trabalhos em conjunto para o fortalecimento do futebol paranaense.

As parcerias já começaram. Em janeiro, os dois clubes fizeram um evento conjunto para anunciar o patrocínio da telefônica Tim. Agora os sites oficiais dos clubes lançaram uma campanha contra violência, com o tema "Sempre rivais, nunca inimigos. Uma disputa sadia. Um aperto de mão".

Petraglia ressaltou a necessidade de se combater a autofagia, tão comum no Paraná. "Nosso futebol não é mais local ou estadual. É nacional ou internacional. Não podemos continuar com a rivalidade impedindo o nosso crescimento a nível nacional e internacional. Nos últimos anos, o futebol brasileiro tem sido de Minas. Os gaúchos sendo fortes e por que não nós? Porque somos um pouco mais autofágicos em função da nossa visão pequena. Não é crítica. Eu me incluo também. O Atlético não pode ser uma ilha. O Coritiba não pode ser uma ilha. Temos de estar ligados para fazer o futebol que queremos", argumentou o presidente do Atlético.

O dirigente atleticano também disse que existe uma intenção de se aproximar dos clubes de Minas Gerais e Rio Grande do Sul, dando a entender a vontade de recuperar a realização de torneios interestaduais como a Copa Sul-Minas, que incluía Paraná, Rio Grande do Sul, Santa Catarina e Minas Gerais. Segundo ele, a aproximação com os outros estados pode ajudar no enfrentamento aos times do chamado eixo Rio-São Paulo.

Já o presidente do Coritiba, Rogério Portugal Bacellar, afirmou que o Paraná Clube também fará parte desse movimento. "Temos que levar o futebol do Paraná pra todos os cantos do estado, engrandecendo todos os clubes.

A iniciativa dos presidentes já é um gol de placa em um futebol nacional que pensa pequeno e que não desenvolve um planejamento estratégico para fortalecer sua marca, ampliar o relacionamento com seus torcedores e patrocinadores.

As melhores formas de publicidade no futebol brasileiro

Levantamento inédito do IBOPE Repucom mapeou as formas de publicidade utilizadas pelos anunciantes durante todos os jogos do Campeonato Brasileiro da série A de 2014 para revelar quais foram as mais efetivas dentro do ambiente dos jogos.

Segundo o levantamento, marcas aplicadas na "frente master" e a aplicação dupla nas mangas da camisa possuem a maior visibilidade entre as propagandas analisadas.

De acordo com o diretor executivo do Ibope Repucom, José Colagrossi, a conclusão de que a frente do uniforme é a melhor opção já era óbvia por causa da excelente visualização e inclusive por se tratar do espaço mais caro para uma marca estar dentro do jogo.

A descoberta mais relevante fica por conta das mangas, que podem ser vistas em qualquer posição que o jogador estiver em relação à câmera de TV.

O estudo ainda mostrou que a inserção de marcas em placas estáticas ao redor do campo de futebol e em tapetes ao lado dos gols também traz uma boa visibilidade para os patrocinadores.

As placas estáticas ficam expostas por bastante tempo (715 segundos, em média) durante as transmissões na televisão e sua qualidade de visibilidade atinge um Índice de qualidade de 16,74. Já os tapetes posicionados ao lado dos gols têm uma qualidade de visibilidade mais alta (20,60) e acumulam 277 segundos, em média, de exposição durante os jogos televisionados.

O Valor do Patrocínio

Camisas dos principais clubes europeus valem US$ 778 milhões

Os clubes europeus aumentaram em 24% o valor dos patrocínios nas camisas em um ano nas seis principais ligas do continente: a Premier League, da Inglaterra; a Bundesliga, da Alemanha; a Primera División, da Espanha; a Ligue 1, da França; a Série A, da Itália, e a Eredivisie, dos Países Baixos.

Nos últimos 10 anos, a receita com camisas mais do que duplicou para as ligas. A Premier League inglesa lidera o grupo com 213 milhões de euros em patrocínios de camisa, 36% a mais do que em 2014.

A Espanha, que está em terceiro lugar, atrás da Alemanha, cresceu 30%. Um pequeno grupo de clubes está provocando a rápida expansão da Espanha e da Inglaterra.

Ainda que o mercado europeu não atravesse o seu melhor momento, os principais clubes do continente têm alcance global, o que tem atraído cada vez mais investimentos estrangeiros, especialmente do Oriente Médio. Hoje, o país que mais investe nas equipes são os Emirados Árabes, que na última temporada tirou o domínio do mercado alemão. Depois dos germânicos, aparecem os americanos na lista de maiores investidores.

Na temporada 2014/2015, os patrocínios em uniforme somam a quantia de € 687 milhões, contra € 570 milhões na temporada anterior. Do valor atual, € 160 milhões são oriundos dos Emirados Árabes e do Qatar.

Um bom exemplo do poderio do Oriente Médio são os rivais espanhóis, o Barcelona com a Qatar Airways e o Real Madrid com a Emirates. La Liga, por sinal, é o torneio com maior influência de investidores estrangeiros: 86% dos valores de patrocínio não são provenientes da Espanha.

A liga que apresentou o maior crescimento com patrocínios de camisa foi a inglesa, com um acréscimo de 36% em relação à temporada anterior. Novamente, o principal motor dessa subida foi um aporte não europeu. O contrato de € 54 milhões anuais assinado entre o Manchester United e a americana Chevrolet foi o principal responsável por essa mudança.

A única liga que apresentou queda em relação à temporada passada foi a holandesa. Com diminuição de 5%, o faturamento com patrocínio ficou em € 42 milhões. Em comparação, hoje até a MLS, liga de futebol dos Estados Unidos, arrecada mais com aportes nas camisas: cerca de € 45 milhões.

A pedido da Bloomberg, a Repucom forneceu ainda dados a respeito de como as receitas com patrocínios de camisa são distribuídas nas ligas inglesa e espanhola.

Dos 20 times da Premier League inglesa, os cinco principais nas atuais classificações respondem por cerca de 60 por cento da receita global com camisa. Os 10 times do final da lista recebem apenas 16 por cento.

O desequilíbrio nos patrocínios na Espanha é ainda pior: dos 20 clubes da primeira divisão, os cinco primeiros da tabela atual respondem por 84 por cento da receita com camisa.

Olimpíada é o evento mais importante para os brasileiros fora do mundo do futebol.

A menos de dois anos da próxima edição dos Jogos Olímpicos – que será realizada no Rio de Janeiro (RJ), em 2016 – pesquisa do IBOPE Repucom indica que 61% dos entrevistados têm interesse pela Olimpíada, o que a torna o evento mais importante para os brasileiros fora do mundo do futebol. Deste total, 51% são homens, além de 28% dos interessados ter mais de 40 anos.

De acordo com o estudo Sponsorlink, maior pesquisa especializada em esporte do mundo e que está presente em 12 países, logo em seguida, aparecem campeonatos como a Liga Mundial de Vôlei e o UFC.

"Este resultado não nos surpreende, ainda mais se levarmos em consideração que a próxima edição da Olimpíada será realizada em nosso País, em 2016. No entanto, é sempre bom constatar que o interesse dos brasileiros por diferentes esportes, e não só pelo futebol, têm crescido constantemente", afirma José Colagrossi, diretor executivo do IBOPE Repucom.

Entre as modalidades analisadas, aquelas que fazem parte dos Jogos Olímpicos também são as que mais despertam o interesse dos internautas, sendo que o futebol ainda é o maior destaque (62% dos entrevistados afirmaram ser superfãs ou fãs do esporte), seguido de perto pelo vôlei, com 61% de aficionados. O índice da natação chega aos 45%, enquanto o atletismo/corridas de rua possui 35% de admiradores.

A pesquisa também mostrou que 52% dos entrevistados consideram o esporte essencial em suas vidas. Apesar de o futebol ainda ser considerado a paixão nacional, ele é apenas o terceiro mais praticado, com 22% de adesão. O ranking é liderado pela corrida, que tem 28% de praticantes, enquanto 23% das pessoas disseram andar regularmente de bicicleta.

Realizado em setembro e outubro de 2014, o estudo Sponsorlink representa a população de internautas brasileiros e considera superfã e fã aqueles que declaram ter "muito interesse" e "interesse", respectivamente, pelos temas abordados. Para esta pesquisa, foram entrevistados 1.000 internautas.

Exposição de patrocinadores nas mídias sociais do Cruzeiro alcançou mais de R$ 2,5 milhões em um mês

O Cruzeiro é o primeiro clube do país a mensurar quanto está dando de retorno para seus patrocinadores nas redes sociais. O clube contratou o serviço do Ibope Repucom para medir retorno de exposição no Facebook, Twitter e YouTube. O resultado de novembro de 2014 é avaliado em R$ 2,5 milhões de exposição.

A nova ferramenta, chamada de SM ROE, calcula o quanto cada marca consegue de retorno com o investimento em redes sociais. Este serviço é uma novidade para a Repucom, inclusive globalmente, e começa a ser comercializado oficialmente em 2015. Para clubes de futebol, o intuito deste relatório é ajudar a mostrar para patrocinadores qual retorno de mídia eles tiveram na internet e, também, para chegar a potenciais patrocinadores com mais argumentos numa negociação. A venda de publicidade exclusivamente em redes sociais, por outro lado, ainda é inexplorada no mercado brasileiro tanto por clubes quanto por atletas e entidades.

A avaliação vai ser somada a outro serviço que a Ibope Repucom já tinha, de monitoramento de mídias sociais. A agência possui um software – usado pelas diversas filiais do grupo no mundo – que varre Twitter, Facebook, YouTube e outras redes atrás de termos e palavras-chave relacionadas ao tema da pesquisa. O intuito é fazer uma análise do sentimento do público em relação ao pesquisado, seja ele o Cruzeiro, o Cristiano Ronaldo ou uma marca que já investe ou quer investir no esporte.

Segundo o levantamento, os 10 patrocinadores do time mineiro (Alpi Medic, Angá Prev, Banco BMG, Brahma, Gatorade, Guaramix, Olympikus, Sócio do Futebol (programa sócio torcedor do Clube), Supermercado BH e TIM) tiveram 1.386 exposições no Facebook, 3.733 no Twitter e 379 no YouTube em novembro. Em termos de valores de mídia, quando consideramos o custo cheio, esses números representam R$ 1,9 milhão, R$ 615 mil e R$ 11 mil, respectivamente.

O SM ROE permite ainda calcular o valor com base nas variáveis de cada plataforma. A metodologia utiliza o Índice de Qualidade (QI), que avalia nas mídias sociais a exposição, o alcance e a qualidade dos posts.

Considerando todas essas variáveis, o retorno desses patrocinadores nas redes sociais seria de R$ 700 mil (Facebook), R$ 217 mil (Twitter) e R$ 2,4 mil (YouTube).

Analisando o desempenho individual dos patrocinadores em cada uma das plataformas, o Banco BMG se destaca. Olympikus, Guaramix e Sócio do Futebol também aparecem na liderança dos rankings das empresas cuja exposição nas mídias sociais do Cruzeiro trouxe mais retorno.

Com que roupa eu vou?

A MLS, liga de futebol dos Estados Unidos, ainda caminha para ganhar destaque internacional dentro de campo, porém fora dele merece ser um estudo de caso para os gestores brasileiros na profissionalização da gestão de marketing.

Uma das ações que pode e merece ser replicada no Brasil é a **Jersey Week**, evento de lançamento das camisas da temporada.

Cada clube tem autonomia de montar a programação de lançamento de seu novo uniforme, desde que respeite as datas da Jersey Week, determinadas pela MLS.

Realizado pela terceira vez, o evento reuniu 12 times em 2013, e desde 2014 todos os clubes participam. O maior objetivo é gerar repercussão em torno das apresentações das camisas e, com isso, esquentar o clima para a competição.

A Jersey Week recebe grande cobertura no site da liga (www.MLSsoccer.com), além de uma campanha nas redes sociais utilizando a hashtag #JerseyWeek.

Hora de repensar os Campeonatos Regionais

Após 120 anos, o futebol brasileiro é necessário repensar o papel dos campeonatos regionais de futebol no país. Cercados de charme, rivalidade e histórias durante mais de um século os campeonatos enfrentam atualmente um cenário de falta de prestígio, com estádios vazios e pouco envolvimento de torcedores e patrocinadores.

Os campeonatos regionais fazem parte da história do futebol brasileiro, sendo disputado desde 1902, em São Paulo, e 1915 em Minas Gerais. Cada Campeonato Regional possui suas particularidades, regulamentos, sistemas de disputa e número de equipes. Pela história e rivalidade os regionais não devem acabar, mas precisam ser repensados, planejados para atrair mais torcedores nos estádios, audiência na TV e interesse de patrocinadores e do mercado internacional.

Antes das finais dos regionais de 2015, os campeonatos são um fracasso de público. O Campeonato Paulista atraiu 7.116 pagantes; Carioca, 4.397; Mineiro, 4.009; Gaúcho, 3.874; Catarinense, 3.375; Paranaense, 2.862 fiéis, superando ainda o Campeonato Baiano, que levou 2.413 pagantes por jogo.

Considerando o público por clube, quem lidera é o Corinthians, com média de 31.335, seguido por Palmeiras, com 27.739, e Flamengo, 18.103, movidos principalmente pela atratividade das novas arenas em que jogam e por programas de sócio-torcedor que começam a ganhar destaque.

Os estaduais continuam a preencher uma grande parte do calendário brasileiro. Em 2015, cada time precisou, em média, atuar 19 vezes para chegar ao título de um estadual. Quem disputou o primeiro turno do Campeonato Pernambucano teve que fazer 28 partidas para ser campeão. O Paraibano foi o segundo campeonato mais longo, com 24 jogos.

Nos dias de hoje, com a internacionalização do futebol e com um calendário cada vez mais apertado em virtude de campeonatos mais rentáveis e com maior visibilidade o futuro dos regionais é colocado em xeque a cada ano. Na grande maioria dos campeonatos apenas as fases finais dos campeonatos atraem a atenção dos torcedores (a final do Carioca 2015 atraiu 66.156 presentes para assistir Vasco e Botafogo no Maracanã), o que não garante uma boa média de público dos campeonatos, que estão com menos de 6 mil torcedores por jogo (5.377 torcedores por jogo foi a média no Mineiro 2015).

Uma solução para atrair mais torcedores, aumentar a receita e possibilitar que os grandes clubes disputem torneios internacionais no início da temporada é:

1) Entrada dos grandes clubes apenas na fase de playoffs dos regionais – Exemplo: Cruzeiro, Atlético e América seriam cabeça de chave e aguardariam outras 5 equipes oriundas da primeira fase, sendo que o clube que possuísse melhor campanha seria o quarto cabeça de chave ou o clube com melhor colocação no ranking da CBF;

2) Em apenas 6 jogos os grandes definiriam o Campeão Estadual da temporada em Minas Gerais;

3) Divisão do estado em conferências, para ampliar a rivalidade regional, reduzindo os custos de transporte, fortalecendo equipes menores e ampliando a possibilidade de novas revelações (exemplo: na conferência Triângulo Mineiro teríamos clu-

bes como Nacional, Uberaba, Uberlândia, Araxá, URT e Mamoré de Patos de Minas, dentre outros disputando um acirrado campeonato que daria acesso aos playoffs do Mineiro).

4) Abertura para transmissão das conferências por TV locais;

5) Liberação/venda dos direitos de transmissão dos playoffs dos regionais para grandes redes internacionais de TV, como FOX Sports e ESPN, abrindo novos mercados e atraindo a atenção de patrocinadores multinacionais para clubes e campeonatos;

6) Promover as finais dos campeonatos regionais, antes, durante e depois, com o desenvolvimento de ações de merchandising, promoção, brindes, shows, dentre outras ações possíveis;

7) Vaga nas Copas Regionais, como Copa do Nordeste e Copa Verde para os campeões ou finalistas dos regionais.

Com menos jogos, porém mais decisivos o público será maior, a atratividade para espectadores, mídia e patrocinadores também crescerá e com a rivalidade sempre acesa entre os clubes o sucesso será uma consequência natural da profissionalização da gestão do futebol brasileiro.

Um novo modelo de calendário (e transmissão) para o futebol brasileiro

O atual modelo de Estaduais inchados e sem a concomitância do Brasileiro agrada as federações, o que repercute diretamente na CBF — a entidade depende dos votos dos estados nas eleições para a presidência, porém é questionado pelos grandes clubes, jogadores e mídia especializada.

Uma proposta seria adotar o calendário europeu, já adotado em países latinos, como a Argentina. De toda forma, é necessário um consenso entre os principais envolvidos o mais breve possível, com destaque para as seguintes possibilidades:

1) Reduzir as datas dos estaduais para os grandes clubes em no máximo 8 datas para disputa dos palyoffs. Com menos jogos e mais decisivos os clubes terão mais receita de patrocinadores, torcedores e mídia.

2) Transformar os Estaduais em equivalentes à quinta divisão, que transcorreriam nas mesmas datas programadas para as quatro divisões do Brasileiro.

3) Fortalecer as Copas Regionais de curto prazo, como a Copa do Nordeste, disputado em três meses, é um exemplo de regional rentável diante de Estaduais deficitários.

4) Oferecer uma janela no meio do ano para viagens internacionais, o que irá fortalecer os clubes e abrirá oportunidades de negócios.

5) Prestigiar a participação dos grandes clubes em competições internacionais como a Copa Sulamericana que é rene-

gada pelos brasileiros e prestigiada pelos clubes vizinhos, como os argentinos. O River Plate faturou a Copa Sulamericana em 2014 e a Libertadores em 2015.

Em conjunto com as mudanças de calendário, é necessário repensar o modelo de transmissão (mídia) do futebol brasileiro, sendo que o modelo norte-americano uma referência a ser seguida no Brasil, com destaque para:

1) Venda dos direitos de transmissão para grandes redes internacionais de esportes, como ESPN e FOX;

2) Venda dos direitos de transmissão no Brasil por dias da semana, como o modelo da NFL ou NBA: os jogos de quarta poderia ser na Record, Sábado na Band e Domingo na TV Globo, por exemplo, prestigiando os melhores horários e gerando mais receita pela venda segmentada por dia e horário.

São seis emissoras de televisão que dividem os direitos de transmissão dos principais torneios de futebol do Brasil. A maioria de TV paga. Se a ESPN Brasil e a Fox Sports dividem os europeus, a Globo e o SporTV têm prioridade sobre os campeonatos nacionais. O Esporte Interativo e o Bandsports têm uma coisa ou outra e compensam com outros esportes. Com uma melhor distribuição e principalmente com foco internacional o futebol brasileiro irá ganhar mais visibilidade e receita para todos os envolvidos.

Medina:
o novo campeão do marketing esportivo

Gabriel Medina não se tornou apenas campeão mundial de surfe ao terminar a temporada 2014 no topo do Circuito Mundial (WCT – World Championship Tour), ele é um dos atletas mais populares do país e desejado para ações de marketing.

Segundo relatório desenvolvido pela Celebrity DBI, do IBOPE Repucom, Medina duplicou sua popularidade no país. Em outubro de 2014, a nota de Medina no quesito Awareness (Conhecimento) era 35,31. A conquista do WCT elevou a nota para 85,26 em fevereiro de 2015.

Os dados são da nova edição do Celebrity DBI, pesquisa realizada com base em uma amostra com representatividade nacional em cada país em que o instituto atua. No Brasil, a amostragem conta com seis mil pessoas, com idade entre 16 e 69 anos, que avaliam cerca de 300 celebridades brasileiras e 300 globais, entre atores, esportistas, músicos e apresentadores. No mundo, são avaliadas mais de sete mil personalidades.

A influência de Medina também aumentou no período, atingindo 79,75 pontos, contra 65,27 em outubro de 14. As notas vão de 0 a 100. Para se ter uma ideia, em pesquisa feita com esta mesma ferramenta aponta Neymar com 98,24.

Especialistas já o apontam como o segundo atleta do país com maior valor de imagem, atrás apenas de Neymar. Uma demonstração de que o único brasileiro campeão mundial na elite do surfe está mais popular é o número de patrocinadores que ele já tem. Segundo o site oficial de Gabriel Medina, o prodígio tem 11 patrocínios individuais, em diversos ramos de negócio, sendo 5 empresas especializadas do surf entre eles. Coppertone (Protetor Solar), Samsung (Celulares), Mitsubishi (Automóveis), Oakley (Óculos de Sol), Vult (Cosméticos), Oi (Telefônia), Rip Curl (Surfwear), FCS (Quilhas), Gorilla Surf (Acessórios para Prancha), Guaraná (Refrigerantes) e Pukas (Pranchas) são as marcas que apoiam Medina.

Os atletas que mais faturam com patrocínios

A revista Forbes divulgou sua tradicional lista com os 15 atletas que possuem os maiores patrocínios do mundo em 2015.

O tenista Roger Federer, lidera o ranking de atletas que mais faturam com patrocínios, a soma de ganhos publicitários somam US$ 58 milhões em 2015, da Nike, Mercedes e Credit Suisse. O top 3 é completado por dois golfistas norte-americanos: a segunda posição é de Tiger Woods, com 50 milhões de dólares (R$ 174 milhões) e a terceira é de Phil Mickelson, com 44 milhões de dólares (R$ 153 milhões).

O único brasileiro na lista é o jogador brasileiro Neymar, com 17 milhões de dólares em patrocínios (R$ 60 milhões). O companheiro do atacante no Barcelona, o argentino Lionel Messi, é o 13º colocado, com com 22 milhões de dólares (R$ 77 milhões).

Juntos, os 15 atletas que mais faturam com propaganda ganham US$836 milhões, de acordo com uma pesquisa da plataforma on-line de campanhas esportivas Opendorse, que aponta os ganhos milionários dos esportistas divulgada na Forbes.

Confira a lista

1 – Roger Federer (Tênis/Suíça): US$ 58 milhões
2 – Tiger Woods (Golfe/EUA): US$ 50 milhões
3 – Phil Mickelson (Tênis/EUA): US$ 44 milhões
4 – LeBron James (Basquete/EUA): US$ 44 milhões

5 – Kevin Durant (Basquete/EUA): US$ 35 milhões
6 – Rory McIlroy (Golfe/Irlanda do Norte): US$ 32 milhões
7 – Novak Djokovic (Tênis/Sérvia): US$ 31 milhões
8 – Rafael Nadal (Tênis/Espanha): US$ 28 milhões
9 – Cristiano Ronaldo (Futebol/Portugal): US$ 27 milhões
10 – Mahendra Singh Dhoni (Críquete/Índia): US$ 27 milhões
11 – Kobe Bryant (Basquete/EUA): US$ 26 milhões
12 – Maria Sharapova (Tênis/Rússia): US$ 23 milhões
13 – Lionel Messi (Futebol/Argentina): US$ 22 milhões
14 – Usain Bolt (Atletismo/Jamaica): US$ 21 milhões
15 – Neymar (Futebol/Brasil): US$ 17 milhões

Os clubes mais valiosos das Américas

A revista Forbes divulgou, pelo terceiro ano, o ranking dos 10 clubes de futebol mais valiosos das Américas. O estudo feito pela publicação considera o valor do elenco, do estádio, da marca e as últimas transferências.

O clube mais valioso segundo a Revista é o Corinthians, avaliado em 511,7 milhões de dólares, na cotação atual R$ 1,9 bilhão. A Forbes cita ainda uma pesquisa da Football Marketing que diz que a camisa do Corinthians é a terceira mais valiosa do planeta, atrás apenas de Juventus e Manchester United.

Décimo no ranking de 2014, o São Paulo saltou para o segundo lugar, avaliado em 360,4 milhões de dólares (1,3 bilhão de reais). A troca do fornecedor esportivo da Penalty para a Under Armor e as receitas em transferências de atletas são os pontos principais do clube.

O terceiro do ranking é o Palmeiras, com destaque para a inauguração do Allianz Parque. A arrecadação do clube em 2015 é recorde e sem precedentes. O clube é avaliado em US$ 310,3 milhões (1,1 bilhão de reais).

O próximo do ranking e melhor clube mexicano da lista é o Chivas Guadalajara, que não vence a liga nacional desde 2006, mas o patrocínio da Adidas até 2017 e os contratos televisivos mantêm o clube no topo, avaliado em 302,7 milhões de dólares.

Quem também trocou de material esportivo e conta com um estádio novo e moderno é o Grêmio, avaliado em 279,2 milhões de dólares (R$ 1 bilhão), sendo o quinto mais valioso das Américas.

Red Bull, Monterrey, Internacional, Los Angeles Galaxy e América, do México, completam o TOP 10.

Destaque para a ausência de clubes argentinos entre os 10 mais valiosos. O Boca Juniors é apenas o 11ª e o River Plate o 14º.

Confira abaixo o top 15 do ranking e o valor (em dólares):
1º - Corinthians: US$ 511,7 milhões
2º - São Paulo: US$ 360,4 milhões
3º - Palmeiras: US$ 310,3 milhões
4º - Chivas de Guadalajara: US$ 302,7 milhões
5º - Grêmio: US$ 279,2 milhões
6º - New York Red Bulls: US$ 279,2 milhões
7º - Monterrey: US$ 265 milhões
8º - Internacional: US$ 235 milhões
9º - Los Angeles Galaxy: US$ 234,1 milhões
10º - América do México: US$ 179,9 milhões
11º - Boca Juniors: US$ 159,8 milhões
12º - Atlético-PR: US$ 159,1 milhões
13º - Santos: US$ 154,3 milhões
14º - River Plate: US$ 154 milhões
15º - Real Salt Lake: US$ 150,6 milhões

Fonte:http://www.forbes.com.mx/los-15-equipos-de-futbol-mas-valiosos-de-america/

Os times mais valiosos do mundo segundo a FORBES

A revista "Forbes" divulgou (set/2015) a lista de 2015 com os times mais valiosos da NFL (Liga de Futebol Americano). O ranking repercurtiu além dos Estados Unidos e do futebol da bola oval pois apresenta que o Dallas Cowboys ultrapassou o Real Madrid para se tornar a equipe mais valiosa do mundo. Dona de cinco títulos de Super Bowl, a franquia do Texas foi estimada em US$ 4 bilhões.

Na lista divulgada em Julho/2015 a liderança era do Real Madrid, avaliado em US$ 3,26 bilhões, que agora no ranking unificado fica no segundo lugar.

Já a equipe de beisebol New York Yankees, é avaliada em US$ 3,2 bilhões, mesmo valor que aparece o New England Patriots no ranking exclusivo da NFL.

Seguindo a lista, aparece o Barcelona, atual campeão europeu, com os craques Neymar, Messi, Suárez e companhia com avaliação de US$ 3,16 bilhões, sendo seguido pelo Manchester United, avaliado em US$ 3,1 bilhões.

Editora
LETRAMENTO
www.editoraletramento.com.br